国家社会科学基金项目资助

统一涉案财物管理中心建立的论证与设计

李玉华 / 主编

中国法制出版社
CHINA LEGAL PUBLISHING HOUSE

课题负责人

李玉华

课题主要参加人

田力男	姜　阀	张　晶	高　源	马　杰
杨云帆	伍　俊	刘文峰	杨　亮	邹　艺
焦　娜	马明亮	李　驰	魏云皓	张　啸

前言

“独立统一涉案财物管理中心的论证与设计”是国家社科基金重点项目（项目批准号：16AFX011），2016年立项，经过三年多的时间完成并于2020年结项（鉴定等级：优秀）。该项目是一个应用性比较强的项目，旨在将学术观点落地于我国涉案财物改革的实践，推动我国涉案财物管理从传统向现代转型。该项目的进行有一个很大的特点即“边进行研究，边转化应用”。我们首先在帮助深圳市宝安区建设“深圳宝安区刑事涉案财物管理中心”的过程中申请并获批该项国家课题，合作建成现代化的跨部门涉案财物管理中心，“跨部门五统一涉案财物管理新机制”获得全国公安机关创新大赛金奖，在技术和理念上起到了引领作用，各地在建设过程中不断前来参观学习；其次应邀参与了北京市三级涉案财物管理中心的筹建工作；再次通过实地调研与已建立的代表性涉案财物管理中心交流存在的问题及未来发展；最后为新建涉案财物管理中心如深圳市、厦门市、德州市等提供专家咨询。在这些工作中，我们更深地感到该项目的意义所在：为独立统一涉案财物管理中心的普遍建立提供参考。

项目成果第一部分即理论论证部分主要是对建立独立统一涉案财物管理中心的意义、功能定位、主要制度设计予以理论上的分析和阐释，旨在让各地在建设中心时形成共识，明确目标和发展方向，并对相关困惑进行交流。第二部分规则条文设计，主要拟定了各地成立涉案财物管理中心需要的法律制度，旨在为地方提供智力支持，各地可以在此模板的基础上结合各自具体情况予以调整，免去大量的人财物和时间的重复投入，而且为全国性规则的制定提供参考。第三部分选取了部分调研报告供各地参考，可共享信息、免去一些建设中的重复调研。

感谢国家社科规划办和匿名项目评审专家的认可，使我们得以有机会更好地开展这一研究，推动我国涉案财物的改革；感谢国内外有关单位和工作人员在调研中给予的支持和帮助；感谢中国人民公安大学提供的各种支持和帮助；感谢团队成员贡献自己的智慧、付出辛勤的劳动！希望我们的成果对涉案财物管理中心的建设有所帮助。

目录

第一部分　理论论证部分

第二部分　规则条文设计：某市（县 / 区）涉案财物管理实施细则

PART I

第一部分

理论论证部分

第一章 独立统一涉案财物管理中心及其意义[1]

随着我国经济的快速发展，涉财产类案件日益增多，涉案财物的数量、种类、价值快速增长与有限司法资源之间的矛盾日益突出；证据裁判、产权保护的要求不断提高与“重人轻物”传统之间的矛盾愈加凸显。涉案财物的传统管理模式不断受到挑战。“办案机关各自查扣、各自保管、实物移送”的涉案财物管理模式明显滞后，涉案财物管理不规范、不透明等造成涉案财物丢失、被窃、损毁、调包、挪用、侵占、污染、腐坏、贬值等，引发了吉林省吉林市于某龙46公斤黄金赔偿案、北京人孙某龙随身携带两幅“名画”被扣案等一系列巨额国家赔偿案件[2]。

---

① 本部分作者为邹艺、李玉华。

② 参见郭宁：《南宁一公司两亿财产被扣十年曾引发多人申请国家赔偿》，http：//www.cien.com.cn/2018/0714/27402.shtml，2018年10月2日访问；唐碧：《商人资产被超额查封申请12.7亿国家赔偿》，载《财会信报》2018年1月29日第E03版；何林璘：《男子家藏“名画”被警方扣押28年：法院调解有望获赔》，http：//www.china.com.cn/news/2017-12/15/content_41990604_2.htm，2018年1月26日访问；谢煜楠：《58公斤黄金被扣18年当事人获1100万元国家赔偿》，载《中国青年报》2017年8月17日第4版；欧阳晨雨：《戴罪之身可否申请37亿元国家赔偿》，载《中国青年报》2017年7月6日第2版；何欣禹、卢义杰：《一商人约百万财产被公安扣押21年未归还》，http：//zqb.cyol.com/html/2016-11/20/nw.D110000zgqnb_20161120_1-04.htm，2018年1月26日访问；李铁柱：《公安罚没两千万元12年后终被“判赔”》，http：//www.chinanews.com/sh/2016/09-02/7991978.shtml，2018年1月26日访问；樊江涛、李月锋：《河北一农民“大解放”被违法扣押十余年》，http：//zqb.cyol.com/html/2015-03/31/nw.D110000zgqnb_20150331_1-06.htm，2018年1月26日访问；张淑秋：《吉林46公斤黄金案怎么赔引争议》，http：//npc.people.com.cn/n/2015/0204/c14576-26503172.html，2018年1月26日访问。

因此，亟须探索一个涉案财物管理的新模式，缓解司法资源有限、案多人少背景下的涉案财物管理困境，以实现“公正与效率相统一、改革创新与于法有据相统一、保障当事人合法权益与适应司法办案需要相统一”[①]的目标。

对此，国家从政策[②]和法律[③]层面出台了一系列政策、法规、规章及司

---

① 中共中央办公厅、国务院办公厅印发《关于进一步规范刑事诉讼涉案财物处置工作的意见》（中办发〔2015〕7号）第1条。

② 中共中央办公厅、国务院办公厅《关于进一步规范刑事诉讼涉案财物处置工作的意见》（中办发〔2015〕7号）明确提出了“探索建立跨部门的地方涉案财物集中管理信息平台”。党的十八届四中全会通过的《中共中央关于全面推进依法治国若干重大问题的决定》提出“规范查封、扣押、冻结处理涉案财物的司法程序”。党的十九大报告提出“深化司法体制综合配套改革，全面落实司法责任制，努力让人民群众在每一个司法案件中感受到公平正义”。党的十九届四中全会提出了推进国家治理体系和治理能力现代化的目标。

③ 《公安机关涉案财物管理若干规定》（公通字〔2010〕57号）第5条规定：“公安机关各办案部门应当对涉案财物实行统一管理，并指定不承担具体办案工作的民警负责本部门涉案财物的接收、保管、移交等管理工作；严禁由办案人员自行保管涉案财物。在具备条件的省、自治区、直辖市，各级公安机关应当设立或者指定专门保管场所、账户，并指定一个部门对各办案部门经手的全部涉案财物或者涉案款项和价值较大、管理难度较高的部分涉案财物实行集中统一管理；暂时不具备条件的省、自治区、直辖市，应当先在部分条件较好的市级或者县级公安机关实行集中统一管理。”2015年9月1日，公安部对《公安机关涉案财物管理若干规定》（公通字〔2010〕57号）进行了修订完善（公通字〔2015〕21号），其中，第8条第2款规定：“公安机关应当指定一个部门作为涉案财物管理部门，负责对涉案财物实行统一管理，并设立或者指定专门保管场所，对各办案部门经手的全部涉案财物或者价值较大、管理难度较高的涉案财物进行集中管理。涉案财物集中保管的范围，由地方公安机关根据本地区实际情况确定。”第11条第2款规定：“……有条件的地方，可以会同人民法院、人民检察院等部门，建立多部门共用的涉案财物管理中心，对涉案财物进行统一管理。”2015年3月6日，最高人民检察院印发实施《人民检察院刑事诉讼涉案财物管理规定》，明确了检察机关内部在涉案财物工作中的各自职责之外，在第13条第3款规定：“对于其他办案机关移送审查起诉时随案移送的有关实物，案件管理部门经商公诉部门后，认为属于不宜移送的，可以依照刑事诉讼法第二百三十四条第一款、第二款的规定，只接收清单、照片或者其他证明文件。必要时，人民检察院案件管理部门可以会同公诉部门与其他办案机关相关部门进行沟通协商，确定不随案移送的实物。”

法解释，分区域、分阶段，适时提出了一系列涉案财物管理的改革措施。[①]迫于管理涉案财物的巨大压力，与检察院和法院相比，公安机关对涉案财物管理改革的态度更为主动、积极。[②]针对涉案财物管理的现状和需求，国家从政策和法律层面确认了涉案财物管理改革的方向——建立集中管理平台，设立或者指定专门保管场所，指定专门管理部门，甚至建立跨部门的涉案财物管理中心，对涉案财物进行集中、统一管理。在此基础上，各地以执法规范化建设、信息化建设，以及全面深化公安改革为契机，积极探索、试点涉案财物的集中、统一管理。涉案财物管理呈现出从“管办结合”到“管办分离”、“各自分散管理”到“集中统一管理”、“实物流转”到“文书流转”和“信息流转”的发展变化。

本项目的研究是在原有研究成果上的持续和具体化，[③]是将理论转化应

---

① 如“公安机关各办案部门应当对涉案财物实行统一管理”“指定一个部门作为涉案财物管理部门，负责对涉案财物实行统一管理”“设立或者指定专门保管场所”“对涉案财物进行集中管理”“会同人民法院、人民检察院等部门，建立多部门共用的涉案财物管理中心”等。

② 公安部在《公安机关涉案财物管理若干规定》（公通字〔2015〕21号）中不仅规定了涉案财物的集中管理，还在《关于进一步规范刑事诉讼涉案财物处置工作的意见》中提出“建立跨部门的地方涉案财物集中管理信息平台”的基础上，进一步提出“建立多部门共用的涉案财物管理中心”。但是，囿于公安机关的身份，只是提出“会同”人民法院、人民检察院等部门，建立多部门“共用”的涉案财物管理中心，这为将来建立独立的涉案财物管理中心提供了更多的可能性。同时，《人民检察院刑事诉讼涉案财物管理规定》中虽没有对“跨部门涉案财物管理平台和机构建设”做出直接回应，但“必要时，人民检察院案件管理部门可以会同公诉部门与其他办案机关相关部门进行沟通协商，确定不随案移送的实物”的规定，可以说是对独立统一涉案财物管理中心运作“只移送清单，不移送实物”的一种事实注解。李玉华：《论独立统一涉案财物管理中心的建立》，载《法制与社会发展》2016年第3期。

③ 2013年6月23日，在“公安机关侦查人员合法取证指引”理论与实践学术研讨会上，李玉华提出建立“统一”证据保管中心和“独立”证据保管中心两步走的观点，该项目最终成果《公安机关侦查人员合法取证指引》第13条对此加以明确并说明，即县级、设区的市公安局各分局设立统一的物证、书证保管中心，对涉案物证、书证分类保管，并由两名以上民警专门负责。条件成熟时，各区县级、地级市政府分别设立独立的物证、书证保管中心，（转下页注）

用于涉案财物管理的改革实践。本项目进一步明确提出“建立独立统一的涉案财物管理中心，由政府统一保管刑事诉讼从立案、侦查、审查起诉到审判等整个诉讼过程涉及的涉案财物，以及民事、行政诉讼和行政执法中的涉案财物”，并进一步论证与设计，为“独立统一涉案财物管理中心”（说得直白、通俗一点就是“物的看守所”）在全国的普遍建立提供理论上的论证与具体制度细则的设计模板，供各地建设时根据当地具体情况参考使用。

一、对“独立”和“统一”的界定

“独立统一涉案财物管理中心”中的“统一”是将公检法等办案机关分散保管的涉案财物进行集中管理，“独立”是涉案财物管理中心相对于公检法等办案机关之间的独立。下文将对此作进一步的界定和厘清。“独立”与“统一”二者之间，“统一”是前提，鉴于此，下文将先论证“统一”，后论证“独立”。

（一）对“统一”的界定

“统一涉案财物管理中心”是相对于原来分散的涉案财物管理机构而言的。②“独立统一涉案财物管理中心”中的“统一”，也可以称为“集中”，是将公检法等办案机关原来对涉案财物各自保管、分散管理的方式，进行

（接上页注）负责统一保管刑事诉讼中从立案、侦查、审查起诉到审判等整个诉讼过程涉及的物证、书证。参见李玉华、陈敏等主编：《公安机关侦查人员合法取证指引》，中国人民公安大学出版社2013年版。

② 李玉华：《论独立统一涉案财物管理中心的建立》，载《法制与社会发展》2016年第3期。

整合、优化，由一个统一的涉案财物管理中心对所有涉案财物进行集中和统一管理。

随着社会的发展，涉案财物管理面临很多新的问题与挑战：一是，涉财产类案件增加，涉案财物数量增多。以2015—2017年上海市J区涉案财物管理情况为例（见表1–1），随着2016年国家完善产权保护制度依法保护产权政策的加强，涉财产类案件大幅增加，需要一个承载量更大的涉案财物管理场所以及案件流转更加高效的涉案财物管理模式与之适应。二是，个案涉案财物的价值越来越大。例如“中晋系”案中，当事人非法吸金300亿元，欠债52.6亿元，警方对涉案的银行账户、车辆、房产、游艇都进行了查封、冻结、扣押。[①]个案的涉案财物体量已经远远超出原有模式专门人员、独立内设部门涉案财物管理能力的上限，需要更加专业的人员、场所、机构进行专门管理。三是，涉案财物种类越来越多。例如e租宝案，全国公安机关共冻结涉案资金逾百亿元，查封、扣押涉案现金折合人民币约3亿元，黄金制品约18.7万克，以及房产、珠宝、股权、车辆、直升机、办公用品等一批涉案财物，[②]涉案财物包括动产、不动产、涉密物品、危险化学品、违禁物品、大型物品、贵重物品等，需要一个更加专业、规范、分类细致的涉案财物管理场所。涉案财物管理中心的“统一”具体体现在以下方面：

---

① 参见《中晋系大起底：老板生活奢靡远超e租宝丁宁》，http://www.sohu.com/a/75557783_114984，2017年3月26日访问。

② 参见卢国强：《警方冻结e租宝案涉案资金逾百亿封珠宝直升机》，http://news.163.com/16/1123/10/C6I48NNH000187V5.html，2017年3月26日访问。

表1-1　上海市J区公检法机关2015—2017年涉及涉案财物案件的数量①

单位（件）

单　位	2015年	2016年	2017年	三年合计
公安局	2585	2604	3533	8722
检察院	860	840	1060	2760
法　院	717	782	960	2459

1.同一行政区划涉案财物的统一管理

建立一个统一的涉案财物管理中心首先要实现同一行政区划涉案财物的集中管理。涉案财物管理中心的行政区划层级既要与一般案件办理的层级相适应，也要符合各地的地域特点。一般情况下，涉案财物管理中心设置两级比较合适：在县（市、区）设置涉案财物管理中心，负责一般案件的涉案财物管理；在地级市设置涉案财物管理中心，负责重大案件的涉案财物管理。原则上，由初审法院对应的地方的涉案财物管理中心对涉案财物进行保管，即使进行二审、死刑复核或者再审，涉案财物的保管场所也不发生变化。如果有些地级市的辖区面积小、案件量不大，其管辖的县（市、区）也可以不设涉案财物管理中心；如果相邻的县（区、市）辖区面积和案件量都不大，也可以共同建设涉案财物管理中心。②我国幅员辽阔，地区之间差异较大，不宜采取"一刀切"的方式，以"市、县两级行政区划建立集中的涉案财物管理中心"为原则，结合区域特点和实际，可以采取增建、合建或者不建的方式，方便管理、服

① 数据来源见梁春程：《涉案财物跨部门统一管理的理论与实践——以上海市J区公检法涉案财物共管平台为样本》，载《河南财经政法大学学报》2019年第2期。

② 李玉华、刘文峰、田力男：《非自愿口供替代系统化研究》，中国人民公安大学出版社2015年版，第103-104页。

务办案。

除“市、县两级行政区划建立集中的涉案财物管理中心”外，为了完善涉案财物的保管链条，各个办案部门仍应当在部门内部设立一个与集中涉案财物管理中心衔接配合的涉案财物保管室，专门负责涉案财物的临时保管与移交。当然，该涉案财物管理场所应当配备专门的涉案财物管理人员，确保“管办分离”，禁止办案人员自行保管涉案财物。如课题组曾参与深圳市宝安区公安分局建设的刑事涉案财物管理中心创建，该区公安分局在建设独立的涉案财物管理中心时要求所属各派出所、刑警队等基层单位也建设保管室。

此外，对于边远、欠发达地区，可以根据当地实际，因地制宜，设置就近集中存放点。如四川省冕宁县，“冕宁县首先建立起刑事诉讼涉案财物管理中心，由公检法三家共管共用。针对部分地区路途遥远，涉案物品移送成本过高或难以及时送到城区管理中心的困难，冕宁试点在距县城 3 小时以上车程的泸宁、里庄派出所分别设立了规模适宜、设施达标的存放点”①。

2. 公检法等办案机关涉案财物的统一管理

我国刑事诉讼办案流程传统上是流水作业模式。传统上物证的保管遵循“谁办案，谁管理”的原则；在物证使用的各个环节中，遵守“谁使用，谁负责”的制度；涉案财物在侦查、起诉、审判程序中随案移送。随案移送的模式存在以下弊端：一是公检法等办案机关之间的涉案财物流转不畅通，公检法等办案机关涉案财物管理场所建设不均衡，标准不一，造

① 殷秀峰：《边远、欠发达地区刑事诉讼涉案财物管理的实践与创新——以四川冕宁试点为例》，载《国家行政学院学报》2017年第2期。

成有些涉案财物无法流转，涉案财物管理混乱，查找困难；二是公检法等办案机关的涉案财物保管、流转成本高，一方面是公检法等办案机关重复投入涉案财物管理场所、设备、人员、管理成本高，另一方面是实物流转运输成本高；三是公检法等办案机关涉案财物流转效率低，实物流转清点、运输需要耗费大量运输时间；四是公检法等办案机关涉案财物流转风险大。证据在扣押、保管、移送等过程中，因人为因素或者非人为因素，都有可能遭到破坏或者改变。①涉案财物的实物流转增加了涉案财物丢失、损毁、污染、混淆等风险，进而增加了证据证明能力受损、财产产权受侵害风险。因此，建立公检法等办案机关统一的涉案财物管理中心，优化公检法等办案机关的司法权配置，将涉案财物管理权从侦查权、起诉权、审判权中抽离出来集中行使，可以避免公检法等办案机关之间的实物流转，取而代之的是文书流转和信息流转，能够有效解决原有模式的流转不畅、成本高、效率低、风险大等问题。

为了实现这一目标，政策和立法引导试点和实践将公检法等办案机关的涉案财物集中管理分两步进行：第一步是建立线上刑事诉讼涉案财物管理平台②，联通公检法等办案机关之间的涉案财物管理信息。第二步是建立线下跨部门的公检法办案机关统一的涉案财物管理场所③，实现公检法等办

① 有学者将那些能够增加、改变、模糊、污染或者毁灭证据的影响称为“证据动态变化”（evidence dynamics）。［美］威廉·奇泽姆等主编：《犯罪重建》，刘静坤译，中国人民公安大学出版社2010年版，第162页。

② 2015年1月24日中共中央办公厅、国务院办公厅《关于进一步规范刑事诉讼涉案财物处置工作的意见》（中办发〔2015〕7号）明确提出了“探索建立跨部门的地方涉案财物集中管理信息平台”。

③ 公安部《公安机关涉案财物管理若干规定》（公通字〔2015〕21号）第11条第2款规定“……有条件的地方，可以会同人民法院、人民检察院等部门，建立多部门共用的涉案财物管理中心，对涉案财物进行统一管理”。

案机关涉案财物集中保管。

3.民事、刑事、行政诉讼以及行政执法涉案财物的统一管理

从长远发展来看，有必要建立民事、刑事、行政诉讼以及行政执法涉案财物的统一管理。首先，由于民事、刑事、行政诉讼以及行政执法中涉案财物的保管场所、保管标准等要求基本一致，而且三大诉讼活动中法院都是涉案财物的保管主体，因此，民事、刑事、行政诉讼以及行政执法中涉案财物的保管机构可以集中统一设立。其次，随着法律的不断发展变化，案件往往涉及多个部门法并具有复杂性与复合性。如针对知识产权案件、环境资源案件，有些法院开展了民事、行政、刑事“三合一”审判的改革举措。以环境类、知识产权类等刑事、行政、民事交叉案件的发展趋势为鉴，也有必要将行政、民事诉讼中涉案财物纳入统一集中管理的范围。最后，民事诉讼中的涉案财物中“财”的功能更多一些，具备保值增值功能的独立统一的涉案财物管理中心更有利于民事涉案财物的管理。

因此，建立刑事、行政、民事诉讼以及行政执法涉案财物的统一管理中心是符合管理标准化和案件复杂性与复合性的发展趋势的。受到涉案财物管理中心的容量限制，可以不断优化涉案财物管理中心的存储空间和流转速度，扩大涉案财物管理中心的管理范围，逐步实现未来刑事、行政、民事诉讼以及行政执法涉案财物的统一管理。

（二）对“独立”的界定

“独立统一涉案财物管理中心”中的“独立”是相对于原来的公检法分别建立涉案财物管理机构而言的，即取消公检法各自设立的涉案财物管理机构，采取联合管理，甚至将来代之以公检法之外另行建

立的独立统一的专门进行涉案财物管理的机构。[①]从政策和法律来看，从“严禁由办案人员自行保管涉案财物”到“设立专门的涉案财物管理部门”，到“建立或指定专门的涉案财物保管场所”，再到“建立多部门共用的涉案财物管理中心”，涉案财物管理的“独立性”在不断加强，逐步实现人员、场所和管理主体的独立。以下三方面即体现了“独立统一涉案财物管理中心”中“独立”的不同层面，也体现了“独立”的不同程度，基于对“独立”的不同理解及不同地区的现状，可以分步实现相对于办案机关较具有独立性的涉案财物管理场所，以及由政府代替公检法机关进行统一管理。

1. 涉案财物管理人员独立于办案人员

涉案财物管理首先要求办案人员必须与涉案财物管理人员相分离。早在2010年11月4日公安部印发《公安机关涉案财物管理若干规定》（公通字〔2010〕57号）就明确规定“严禁由办案人员自行保管涉案财物”。2015年修改《公安机关涉案财物管理若干规定》（公通〔2015〕21号），将管理涉案财物的人员由“不承担具体办案工作的民警”限缩到“不承担办案工作的民警”。[②]涉案财物“管办分离”不仅是法律的要求，更是涉案财

---

① 李玉华：《论独立统一涉案财物管理中心的建立》，载《法制与社会发展》2016年第3期。

② 2010年11月4日公安部印发《公安机关涉案财物管理若干规定》（公通字〔2010〕57号）第5条第1款规定：“公安机关各办案部门应当对涉案财物实行统一管理，并指定不承担具体办案工作的民警负责本部门涉案财物的接收、保管、移交等管理工作；严禁由办案人员自行保管涉案财物。”经修订，2015年7月22日公安部印发《公安机关涉案财物管理若干规定》（公通字〔2015〕21号），第8条第4款规定：“办案部门应当指定不承担办案工作的民警负责本部门涉案财物的接收、保管、移交等管理工作；严禁由办案人员自行保管涉案财物。”

物财产属性和证据属性的共同要求。

一方面，涉案财物具有财产属性，要求“管办分离”。在早期“管办合一”的涉案财物管理模式下，涉案财物交由办案人员保管，不仅占用办案人员的时间、精力，影响办案效率，且在没有专门的涉案财物管理场所、没有规范的涉案财物监管制度下，基于主客观原因，涉案财物被损坏、遗失、调换、挪用、侵吞的现象屡见不鲜。例如，“（福建省漳州市）龙文公安分局重点对2010年以来办结和正在办理的案件、2010年以前已办结但当事人因涉案财物问题仍在信访投诉的案件，以及各单位仓库和保管室、暂扣款、保证金账户逐一进行清理排查，共清理出扣押物品169项、扣押款120项。其中，手续材料不完整的23项、财物去向不明的1项、无立案扣押的9项、责令立即清退的9项、责令因保管不善民警自己赔偿的1项”[①]。又如，“（江苏省徐州市公安局贾旺分局）2016年第一季度检查发现（涉案财物管理）问题件14件次，通报10人次，诫勉谈话2人，没有人员受到纪律处分。与去年第四季度相比涉案财物问题下降58.8%，同比人次下降了47.4%，诫勉谈话人次下降了60%，纪律处分人次下降了100%”[②]。一旦办案人员牵涉涉案财物相关利益，在没有有效监督的环境下，很容易导致涉案财物处置和案件办理的不公、违法，由此引发冤案、错案，甚至导致巨额的国家赔偿。

另一方面，涉案财物的证据属性要求“管办分离”。证据裁判原则要求证据须经过法庭质证，满足客观性、关联性、合法性“三性”的要求。在证据的保管过程中，首先是确保证据的“同一性”，并确保整个证据链

① 吴钦良:《涉案财物管理“管”出的“龙文模式”》，载《闽南日报》2011年10月1日第4版。

② 达佶:《贾汪涉案财物管理无盲区》，载《江苏法制报》2016年6月1日第A版。

条的闭合性、完整性。然而，办案人员侦查、起诉、审判犯罪的天然角色决定其不适合进行物证保管，极易被当事人怀疑“暗箱操作”。一旦被合理质疑，最终将影响案件办理的公正性和公信力。因此，涉案财物的管理与办案人员之间的“管办分离”是涉案财物管理的首要前提，各个办案单位内部应当安排专门的涉案财物管理人员，涉案财物一经查扣，立即交由涉案财物专人管理，由其暂时管理或者后续移交专门的涉案财物管理中心集中管理。

2. 同一机关内的涉案财物管理部门独立于办案部门

只在办案机关内部指定独立于办案人员的涉案财物管理人员是远远不够的。权力制衡权力，涉案财物管理个人往往难以制衡办案部门的力量，从部门利益无涉的角度，至少应当建立独立于办案部门的涉案财物管理部门与之制衡。[①]《公安机关涉案财物管理若干规定》（公通字〔2010〕57号）第5条第2款规定：“在具备条件的省、自治区、直辖市，各级公安机关应当设立或者指定专门保管场所、账户，并指定一个部门对各办案部门经手的全部涉案财物或者涉案款项和价值较大、管理难度较高的部分涉案财物实行集中统一管理；暂时不具备条件的省、自治区、直辖市，应当先在部分条件较好的市级或者县级公安机关实行集中统一管理。”部分地区公安机关相继设立了专门的涉案财物保管场所，如福建省漳州市公安局龙文分局建立了一个集管理涉案欠款、物品、车辆等于一体的涉案财物管理中心[②]，

① 田力男：《刑事涉案财物保管与处置新制研究》，载《法学杂志》2018年第8期。

② 吴钦良：《涉案财物管理“管”出的“龙文模式”》，载《闽南日报》2011年10月1日第4版。

深圳市光明公安分局挂牌设立了涉案财物管理中心[①]，江苏省如皋市公安局建立了集中管理大宗涉案财物的管理中心[②]，等等。2015年，新修订的《公安机关涉案财物管理若干规定》（公通字〔2015〕21号）第8条第2款进一步规定："公安机关应当指定一个部门作为涉案财物管理部门，负责对涉案财物实行统一管理，并设立或者指定专门保管场所，对各办案部门经手的全部涉案财物或者价值较大、管理难度较高的涉案财物进行集中保管。涉案财物集中保管的范围，由地方公安机关根据本地区实际情况确定。"

但是，这一专门的涉案财物管理部门仅为公检法等办案机关各自的内设部门，仅对公检法等办案机关各自的涉案财物进行统一管理，仅实现了公检法等办案机关各自内部的资源集约、整合，对形成制衡办案部门的力量具有现实必要性，也在一定程度上提高了工作效率，但是，相较于办案机关具有一定独立性的跨部门涉案财物管理中心，它的改革还不彻底，仍具有一定的局限性。

3. 涉案财物管理中心独立于公检法等办案机关

"独立统一涉案财物管理中心"最终是要建立由政府管理的，相较于办案机关具有一定独立性的涉案财物管理中心，其中包括管理人员的独立、管理场所的独立，最重要的是管理权的独立。公检法和其他行政执法机关各司侦查权、起诉权、审判权和行政执法权，其中都包含涉案财物的管理权。将涉案财物的管理权从行政执法权、侦查权、起诉权和审判权中剥离，不影响行政执法权、侦查权、起诉权和审判权的行使，相反有利于

---

① 赵新明：《光明公安分局涉案财物管理中心揭牌》，载《深圳特区报》2011年12月1日第A17版。

② 李孝文、如皋：《让涉案财物管理更"阳光"》，载《江苏法制报》2011年12月21日第A01版。

涉案财物规范管理，有利于办案人员专心办案。再通过集约整合，建立相对于办案机关具有一定独立性的涉案财物管理中心，能够简化涉案财物部门间的实物流转，满足涉案财物保值、增值的产权保护需求，对提高涉案财物管理的专业性、高效性和公信力具有显著积极的意义。相较而言，公检法各机关内部指定独立的涉案财物人员或设立独立的涉案财物管理部门，在公检法等办案机关内部一定程度上解决了涉案财物管理不规范的问题，然而，公检法等办案机关之间的涉案财物流转“成本高、效率低、风险大”的突出问题依然存在。在此基础上，2015年修订的《公安机关涉案财物管理若干规定》(公通字〔2015〕21号)第11条第2款进一步提出，“有条件的地方，可以会同人民法院、人民检察院等部门，建立多部门共用的涉案财物管理中心，对涉案财物进行统一管理”。一些地方的办案机关积极改革试点，探索建立了一批涉案财物管理中心，具体有以下几种不同的管理模式。

(1)委托公安机关管理模式。即依托具有“比较优势”[①]的公安机关对刑事诉讼各个环节的涉案财物进行集中管理，检察机关和法院仅存放案件承办人认为需要复核或当庭质证的重要实物证据，其余涉案财物只进行书面流转，实物委托公安机关进行管理。待法院的判决、裁定或者检察院的不起诉决定生效，接受托管的公安机关直接依照相关文书对涉案物品进行处置。在此过程中，检察机关负责对涉案财物的管理和处置实施法律监督。[②]这一模式仅实现了公检法机关对涉案财物的集中管理，本质上既没

---

① 相较于检察院、法院，公安机关是最先接触涉案财物的机关，且公安机关对于涉案财物的管理数量更大、管理要求更高、管理压力更大、重视程度更高，因而公安机关对涉案财物的管理优势更加明显。

② 梁春程:《涉案财物跨部门统一管理的理论与实践——以上海市J区公检法涉案财物共管平台为样本》，载《河南财经政法大学学报》2019年第2期。

有实现公安机关与涉案财物管理之间的场所分离，也没有实现二者的管理权责分离。公安机关一家承担诉讼中所有环节的涉案财物管理任务过于繁重，而且从长远来看，也无法满足公众保值增值的要求。

（2）三家共管模式。实践中有公检法机关三方各自派员、各自管理的模式，如上海市嘉定区[①]、四川省冕宁县[②]。“由公安局、检察院、法院共同派员参加管理、处置工作，三方各自承担涉案财物诉讼阶段的管理义务，三家单位对涉案财物的实际控制，真正实现保管义务互不替代、互相制约不越位的目的。”[③]此外还有“三方签字后才可入库，三方到场才可开启物证柜”的公检法机关三方共同管理的模式，如浙江省武义县。[④]无论是公检法机关共同管理还是分别管理的模式，都只是对公检法机关的涉案财物进行集中管理，建立独立的涉案财物管理场所，但是涉案财物的管理职权没有与公检法机关相分离，公检法机关仍然保有涉案财物管理权和处置权，只是形式意义上的独立，不是实质意义上的独立，而是公检法三家共管的联合体。这种联合体无法实现独立涉案财物管理中心承载的功能。[⑤]

（3）向第三方企业购买服务的管理模式，如四川省广元市和成都市。广元市具体采取“法院、检察院共同委托公安机关，公安机关再委托四川

---

① 刘夏雨：《化零为整》，载《检察日报》2015年11月9日第3版；程建：《刑事诉讼涉案财物集中管理的实证调研和制度构想》，载《上海政法学院学报（法治论丛）》2013年第2期；李玉华：《论独立统一涉案财物管理中心的建立》，载《法制与社会发展》2016年第3期。

② 殷秀峰：《边远、欠发达地区刑事诉讼涉案财物管理的实践与创新——以四川冕宁试点为例》，载《国家行政学院学报》2017年第2期。

③ 刘夏雨：《化零为整》，载《检察日报》2015年11月9日第3版。

④ 傅颖杰：《打通公检法财四家流转“主动脉”》，载《浙江日报》2017年12月25日第9版。

⑤ 李玉华：《论独立统一涉案财物管理中心的建立》，载《法制与社会发展》2016年第3期。

威振保安服务有限公司经管”的模式进行管理。[①]该管理模式具有以下特点：一是委托第三方企业进行涉案财物独立管理更具有高效性、专业性、中立性的优势；二是第三方企业不是司法行政机关，而涉案财物具有一定的证据属性，在没有有效监管制度的情况下，将公检法机关涉案财物集中托管由第三方企业独立进行，其合法性受到质疑，并存在较大的风险；三是公检法机关共同委托公安机关进行管理，仍然未将涉案财物管理权与公安机关相独立，也不是实质意义上的独立涉案财物管理。

将涉案财物管理权从行政执法权、侦查权、起诉权、审判权中剥离，具体由什么部门管理更合适？学者对此有不同观点：有学者提出“由政府的司法行政部门进行管理”[②]，主要理由是由司法行政部门管理涉案财物管理中心，更加客观中立；也有学者提出“由政府公务仓代管”[③]；还有学者提出“刑事诉讼中的涉案财物不仅具有财产属性，更重要的是其具有证据属性，一方面，财政、司法行政部门和审计部门对于诉讼证据的管理较为生疏，其可能更加关注的是维护入库资产的安全完整、整合盘活、物尽其用以及财产的审计监督；另一方面，司法机关在办案过程中经常需要对涉案赃证物品进行审查、核验、鉴定等侦审活动，由行政部门管理财物表面上使得公检法三机关在程序上得以简化，但同样也可能弱化司法机关涉案财物的控制权，尤其是在偏远、欠发达地区，公务仓可能仅集中在城市一

---

① 参见何成军、王明东：《刑事案件涉案财物保管若干问题研究——以委托第三方机构保管为视角》，载《人民法治》2018年第23期。

② 参见李玉华、刘文峰、田力男：《非自愿口供替代系统化研究》，中国人民公安大学出版社2015年版，第103页。

③ “公务仓职责中就包括收储执法单位罚没、收缴、上缴的物品资产。对作出行政处罚或刑事判决后执行的涉案财物归宿即在公务仓。其建制宗旨即在维护入库资产的安全完整、整合盘活、物尽其用。保值是其底线。”参见田力男：《刑事涉案财物保管与处置新制研究》，载《法学杂志》2018年第8期。

处，基层办案机关要调用涉案财物存在不便，反而影响了办案效率”[①]。我们认为，建立独立统一的涉案财物管理中心不仅要关注到涉案财物的证据属性，还要关注到其财产属性，综合考虑各市县的涉案财物管理中心作为独立的单位由各地司法行政部门直接分管比较合适。

总的来说，将来要建立的涉案财物管理中心，不仅是公检法等办案机关对涉案财物的集中管理，还是对集中涉案财物的独立管理；不仅包括涉案财物管理场所的形式独立，还包括涉案财物管理权的实质独立；既要能满足涉案财物的证据属性的管理要求，还要满足涉案财物的财产属性的管理需求。我们认为，建立由政府管理的涉案财物管理中心是最优选择。

二、建立独立统一涉案财物管理中心的意义

建立独立统一的涉案财物管理中心，能够将分散的涉案财物管理的人、财、物力进行集约整合，优化司法资源配置；配合以文书流转替代实物流转、信息化管理替代人工化管理，优化流程制度配置，不仅有利于满足目前涉案财物发展需要以及对产权保护和证据裁判提出的更高要求，而且相较于各部门分散管理涉案财物管理模式以及其他一些“管办不分”、没有独立的管理部门、没有独立的管理场所、没有独立的管理权限的管理模式，其在树立司法公信、提高司法效率、降低司法成本方面都具有积极意义。

---

① 梁春程：《涉案财物跨部门统一管理的理论与实践——以上海市J区公检法涉案财物共管平台为样本》，载《河南财经政法大学学报》2019年第2期。

（一）有利于增强司法公信力

1.有利于规范证据管理

涉案财物具有证据属性。规范的涉案财物管理，有利于形成闭合的证据链条，避免涉案财物管理中的违法、违规行为，不仅为实现程序公正提供了保障，而且有利于查明案件事实，避免错案发生，为实现实体公正提供保障。

证据裁判原则的要义是法院的裁判要根据证据作出，证据要经过法庭质证，满足客观性、关联性、合法性“三性”的要求。对实物证据来说，证物的保管应当确保在质证的过程中，能够向法庭证明证据从最初提取到后来的保存直至提交法庭质证整个过程中证据链条是闭合的、完整的，物证具有“同一性”。

一方面，建立独立统一的涉案财物管理中心，有利于对实物证据进行规范管理。建立独立统一的涉案财物管理中心，节约了原先涉案财物分散管理的人力、财力、物力，设立专门的场所，配备专门的人员和设备，建立专门的管理流程和管理制度，能够满足涉案财物数量大、种类多、价值高等发展特点，解决了以往“无处存放”和“管理不规范”的问题。传统上“大多数基层办案单位涉案财物保管室不足30平方米，只能短时间存放保管小件物品，导致大量涉案财物长期露天堆放或整仓积压、损坏，甚至丢失”[①]。近年来，一些地方开始探索建立独立统一的涉案财物管理中心：诸暨市成立了全国首家公检法一体的刑事诉讼涉案财物管理中心，面积约1200平方米。该中心有14间物证保管室，有普通物证、淫秽物证、涉密物证、贵重物品物证、毒品物证、光电磁介物证、血样卡物证、病理组织

---

① 李玉华：《论独立统一涉案财物管理中心的建立》，载《法制与社会发展》2016年第3期。

物证、骨骼物证九大类。每一间物证室都配有对角监控、空调、湿温度计和新风系统，一些房间还配备了保险柜，所有财物配置了二维码，“一案一档、一物一号”。依靠物证中心建立的涉案财物信息共享平台，将检法两院涉案财物数据信息统一录入，实现信息共享和涉案财物电子化移交。① 深圳市宝安区涉案财物管理中心为5331平方米，分为枪支弹药保管库、贵重物品保管库、刑事物证保管库、大宗财物保管库、涉密物证保管库、电子物证存储库、自动化仓库等七大功能库室，另外专门涉案车辆的扣车场占地面积为2.5万平方米。四川省成都市涉案财物管理中心，占地约30亩，建筑面积12000余平方米，设置了大型物品存放区、贵重物品存放区、特殊物品存放区、一般物品存放区和涉案车辆存放区。保管中心配有智能化安防系统、门禁系统、监控系统及手机屏蔽柜、防腐化学柜等高科技专业设备。目前，还推出了一系列的财物保值策略和证据保存方法，涉案财物信息全部采用电子标签管理，“一物一码”，通过扫描标签二维码即可获知财物详细信息。② 四川省成都市温江区涉案财物集中管理中心，由一个主中心和三个分中心组成，其中主中心面积580平方米，分为贵重物品库、大件物品库、涉密库、电子物证库和普通物品库等区域。同时，根据特殊物品的保管要求设置2400余平方米的涉案车辆大宗物品管理分中心、涉案枪支管理分中心和毒品管理分中心。③ 可见，从几十平方米到几千上万平方米的面积变化，从没有功能区划的保管室到区分大件物品、贵重物品、涉密物品、电子物证、违禁品等区划管理，从人工纸质化到智能信息化管

---

① 陈东升：《首家刑事诉讼涉案财物管理中心落户诸暨公检法各单位涉案物证统一收纳》，载《法制日报》2015年5月8日第2版。

② 何成军、王明东：《刑事案件涉案财物保管若干问题研究——以委托第三方机构保管为视角》，载《人民法治》2018年第23期。

③ 付静：《四川探索建立涉案财物管理新模式》，载《人民公安报》2017年8月3日第4版。

理，独立统一的涉案财物管理中心面积更大、设施更齐、功能更全、管理更科学，更能满足数量多、种类多、价值高等涉案财物的保管现实需求，为物证的规范管理提供了保障。

另一方面，建立独立统一的涉案财物管理中心，有利于形成实物证据连续、闭合的“保管链条”。实物证据从被收集到被提交法庭，都要经历收集、运输、保管、鉴定等多个环节。任何一个环节操作不当，都可能减损证据证明力，甚至导致证据不足，放纵和煽惑犯罪。①《最高人民法院关于适用〈中华人民共和国刑事诉讼法〉的解释》规定，法官在对证据的审查与认定时要审查物证、书证来源、收集方式等，以及在收集、保管、鉴定过程中证据是否受损或者改变。②在分散的涉案财物保管模式下，侦查实践中，由侦查人员管理物证，常常出现证据无人看管，或者在多人侦查一案、一人负责多案的情况下，造成证据被混淆、污染、损毁、丢失、篡改、调换等问题。通过建立跨部门统一的涉案财物管理平台，首先，公检法机关集中物证管理，简化了涉案财物的流转环节、减少了风险；其次，通过建立独立于办案人员、办案部门的专门的涉案财物管理中心，结合相

---

① “刑罚并不一定是犯罪的必然结果，那么就会煽惑起犯罪不受处罚的幻想。”引自［意］贝卡利亚：《论犯罪与刑罚》，黄风译，中国大百科全书出版社1993年版，第59页。

② 《最高人民法院关于适用〈中华人民共和国刑事诉讼法〉的解释》（法释〔2021〕1号）第82条规定：“对物证、书证应当着重审查以下内容：（一）物证、书证是否为原物、原件，是否经过辨认、鉴定；物证的照片、录像、复制品或者书证的副本、复制件是否与原物、原件相符，是否由二人以上制作，有无制作人关于制作过程以及原物、原件存放于何处的文字说明和签名；（二）物证、书证的收集程序、方式是否符合法律、有关规定；经勘验、检查、搜查提取、扣押的物证、书证，是否附有相关笔录、清单，笔录、清单是否经调查人员或者侦查人员、物品持有人、见证人签名，没有签名的，是否注明原因；物品的名称、特征、数量、质量等是否注明清楚；（三）物证、书证在收集、保管、鉴定过程中是否受损或者改变；（四）物证、书证与案件事实有无关联；对现场遗留与犯罪有关的具备鉴定条件的血迹、体液、毛发、指纹等生物样本、痕迹、物品，是否已作DNA鉴定、指纹鉴定等，并与被告人或者被害人的相应生物特征、物品等比对；（五）与案件事实有关联的物证、书证是否全面收集。”

关监管平台和设施，实现涉案财物管理全程留痕、全过程实时监管，有利于防止办案人员对涉案财物的不良影响，加强对涉案财物管理人员进行督促、监管，对保管失职环节进行追踪、问责，解决“保管链条不完整”和“监管不到位”的问题，为呈现实物证据连续、闭合的“保管链条”提供了程序保障。例如，深圳市宝安区涉案财物管理中心配备了涉案财物管理系统、智能仓管系统、自动化仓储电控系统、物联网超高频射频技术（RFID）管理系统、安防及信息安全系统、动力环境监控系统、现场物证采集系统、视频监控系统、远程示证系统。北京市西城区刑事诉讼涉案财物智能化管理系统，基于物联网技术和分区管理理念，由涉案财物接收和移送操作区、涉案财物智能保管区和支持涉案财物智能管理的数字化档案存储区三部分组成。每件刑事诉讼涉案财物的移送过程都被全程监控，每件被保管物均得到了精细化管理，对司法程序公平、公正给予了有力的支持。[①]四川省广元市刑事诉讼大宗涉案财物集中保管中心，24小时对存放的财物进行监控，实现出库、入库、保管、数据统计分析全程智能化，做到了底数清楚、管理有序、财物整洁。[②]浙江省武义县涉案财物管理中心安装全覆盖高清射频监控、联网报警、防盗门窗等安防设施，门口还设有门禁系统和消防器材等，有效保障涉案财物的安全透明管理。中心还配备了一套完善的远程示证系统。通过吧台上带有刻度的旋转圆盘和上方的高清摄像头，民警在讯问、询问犯罪嫌疑人时，可以视频展示相关物证和细目照片，省去了临时调用物证环节，提高了工作效率，并确保物证的安全。[③]总之，公检法机关之间“文书流转代替实物流转”，尽力避免物证

① 翟兰云：《三大智能化操作平台实现全方位管理》，载《检察日报》2015年11月9日第3版。

② 何成军、王明东：《刑事案件涉案财物保管若干问题研究——以委托第三方机构保管为视角》，载《人民法治》2018年第23期。

③ 傅颖杰：《打通公检法财四家流转“主动脉”》，载《浙江日报》2017年12月25日第9版。

的实物流转，电子信息化的全程留痕、全程监管为形成和呈现实物证据连续、闭合的“保管链条”提供了有效保障。

2.有利于财产权保护

涉案财物不仅具有证据属性，而且具有财产属性。但长期以来，实践往往更重视涉案财物的证据属性，忽视其财产属性。随着立法对产权保护的深入，公众对产权保护意识的增强，对涉案财物的管理也提出了更高的要求：2004年《宪法修正案》规定，公民的合法的私有财产不受侵犯。2007年实施的《物权法》规定，私人的物权受法律保护，任何单位和个人不得侵犯。[①]2016年11月，中央全面深化改革领导小组审议通过的《中共中央国务院关于完善产权保护制度依法保护产权的意见》全面部署各种产权的法治保护，要求完善涉案财物保管、鉴定、估价、拍卖、变卖制度。建立独立统一的涉案财物管理中心，规范涉案财物的保存和流转，不仅可以对涉案财物规范保管防止其毁损灭失，同时还可以对涉案财物进行保值、增值，防止其价值贬损。

一方面，独立统一的涉案财物管理中心对涉案财物进行规范管理，防止涉案财物毁损灭失。建立独立于办案人员、办案部门的涉案财物管理中心，配备专人以及专门的监管平台和监管设施，既有利于物证的规范管理，也有助于涉案财物的产权保护，防止办案人员疏于管理或滥用职权、利用职务之便，在缺乏监管的环境之下，造成涉案财物的损毁、丢失、挪用、调换、占有，侵犯当事人、被害人和第三人依法享有的财产权利。

---

① 2007年实施的《物权法》第4条规定：“国家、集体、私人的物权和其他权利人的物权受法律保护，任何单位和个人不得侵犯。”

另一方面，独立统一的涉案财物管理中心可对涉案财物进行保值、增值，防止涉案财物价值贬损。涉案财物不仅对被追诉人的生产、生活产生影响，同时也是社会财富的一部分。在司法实践中，对涉案财物管理缺乏产权保护意识，放任涉案财物损毁、腐坏、贬值，对权利人和合法权益造成巨大损害的现象并不鲜见。“例如，某集资诈骗案中的一辆宾利车刚查封时价值800多万元，经过半年以后价值就是600多万元了。再如成都市温江区在2016年2月之前，涉案车辆中有不少毒贩的作案车辆，由于搁置时间太长，后来基本成了废铁。据红牌楼一家有资质的车辆鉴定机构鉴定，参与鉴定的涉案车辆中，17辆已无实际使用价值，需要报废，其中就包括按50元一吨废铁处置的宝马730，其他还有使用价值的车辆也不过万元。一台2003年上户的宝马汽车最终评估价仅3000元。”[①]随着社会财富占有数量的增加，物权保护意识的增强，公众对涉案财物管理提出了更多的要求，如在保证侦查活动正常进行的同时，采取必要的保值保管措施，最大限度地减少侦查办案对企业正常办公和合法生产经营的影响。通过保证企业的经营运作和涉案财物的保值、增值，避免受害人赔偿能力的减损。2016年12月28日《公安部关于学习贯彻〈关于完善产权保护制度依法保护产权的意见〉的通知》（公法〔2016〕1780号）第3条对此作出回应，“采取查封、扣押、冻结措施的，可以根据案件具体情况，在保证侦查活动正常进行的同时，……并采取必要的保值保管措施，最大限度地减少侦查办案对企业正常办公和合法生产经营的影响”。

在刑事诉讼中，涉案财物不仅关乎被追诉人的财产权，而且关系到被害人和利害关系人的财产权。应当物尽其用，让社会财富发挥其应有的

---

① 刘宏顺、钟振宇：《成都涉案车辆停满公安大院　宝马沦为废铁50元一吨》，http://sc.sina.com.cn/news/b/2016-02-19/detail-ifxprucu2992145.shtml，2017年3月26日访问。

作用，而不是将其堆放、闲置，放任其腐坏、贬值。对涉案财物进行保值增值等先期处置是保护社会财富、节约社会资源的有效举措。[①] 世界范围内，引入保值增值功能的涉案财物专业保管也有先例。“比如区域性美洲国家组织及英、美、泰、哥伦比亚等国确立对犯罪资产管理的‘接管人’制，不仅保全资产，还有‘出租’‘经营’等管理以支付接管者报酬、被告开支、偿债等。再如法国的司法部、财政部监管的公共行政性的‘扣押和没收资产的管理和返还机构’（Agence de Gestionet de R ecouvrement des Avoirs Saisiset Confisqués）经管刑诉中被扣押等财产，通过信托等方式‘增值’，且可供给本机构运行。”[②] 比较发现，进行保值增值服务的涉案财物管理机构相对于办案部门和涉案财物处置部门必须具有一定的独立性。因此建立独立统一的涉案财物管理中心，一方面管理中心的统一性为开展保值增值服务提供了物质基础，另一方面管理中心的独立性为开展保值增值服务提供了条件保障，相比其他涉案财物管理模式，更具备设置保值增值功能的条件。目前，深圳市宝安区、四川省成都市等一些试点地区建立的独立统一涉案财物管理中心已经就涉案财物保值增值功能进行了大胆创设和尝试。

总之，建立独立统一的涉案财物管理部门，不仅有利于涉案财物的物证保护和产权保护，而且有利于防止办案人员和管理人员监守自盗，形成专业、中立、透明的管理，树立涉案财物管理的公正性和公信力。

（二）有利于提高司法效率

独立统一的涉案财物管理中心建立了系统的涉案财物管理，优化了涉

---

① 李玉华：《从涉众型经济犯罪案件看涉案财物的先期处置》，载《当代法学》2019年第2期。

② 田力男：《刑事涉案财物保管与处置新制研究》，载《法学杂志》2018年第8期。

案财物的流转方式，同时，通过信息平台建设、运用科技化的管理手段，提高了司法效率。

1.涉案财物流转形式转变有利于司法效率的提高

以“信息流转”“凭证流转”替代“实物流转”，是建立公检法机关之间跨部门的统一涉案财物管理中心最显著的特点和优势。一方面，集中涉案财物管理实现了涉案财物在公检法机关之间大量实物流转环节的简化，提高了诉讼效率；另一方面，建立独立统一涉案财物管理中心为涉案财物的信息化管理提供了条件，实现了流转方式升级，发挥了信息化管理的高效性。比如，“在上海市闵行区政法机关办理的一起涉案赃物多达448件的销售假冒注册商标案件中，公安机关和检察机关探索采用书面方式移送，仅需要4页清单。而如果按照传统的随案移送做法，将涉及公检法三机关的出库清点、装车运输、入库清点、存放保管等环节，光清点登记就需要一天时间”①。信息化管理带来的涉案财物管理效率提高，不光体现在部门之间流转方式的升级方面，还体现在涉案财物管理方式的升级方面。涉案财物数量、种类、价值的发展变化，需要采取信息化的手段来适应庞大涉案财物的管理，依托跨部门的信息化平台，从人工、纸质管理到计算机、信息化管理，依托涉案财物管理平台，可以实时、快速查询、追踪、统计、监督涉案财物的信息和状态。“据2017年7月调研贵州司法改革，当地三机关通过技术手段单向传输电子化卷宗资料，使同类案件办理时间同比缩短30%。可预见通过网络信息管理平台传输涉案财物数据，将大幅提升效率。”②

① 罗雨菱：《448件赃物移送4页清单“搞定”》，载《上海法治报》2012年3月27日第A05版。

② 田力男：《刑事涉案财物保管与处置新制研究》，载《法学杂志》2018年第8期。

2.集中统一规范标准化管理有利于司法效率的提高

独立统一的涉案财物管理中心对涉案财物进行系统化管理，相比以往公检法各级办案部门分散设立涉案财物管理场所的方式更加科学高效：一是涉案中心的内部系统更加完善，包括根据涉案财物的性质特点及保管要求进行功能区划，如深圳市宝安区的独立统一涉案财物管理中心设置枪支弹药保管库、贵重物品保管库、刑事物证保管库、大宗财物保管库、涉密物证保管库、电子物证存储库、自动化仓库等七大功能库室，能够满足武器弹药、秘密物品、珍贵贵重物品、大宗的物品、电子物品等多类具有特殊保管要求的涉案财物管理。二是涉案中心的外部系统更加完善，包括层级之间的纵向系统及部门之间的横向系统。市、县两级分别设立涉案财物管理中心，集中管理同级公检法机关及其他行政执法机关的行政、刑事、民事案件涉案财物，方便一审案件在同级公检法机关之间流转，方便行刑衔接、民行衔接案件的办理，满足各部门、各级办案需要。相比各机关办案部门分别设立涉案财物管理场所，该方法解决了地区部门间差异，建设标准不同，存放能力、标准不一，涉案财物存放、管理、流转混乱的问题，做到了涉案财物的规范、系统和高效管理。

3.科技信息化应用有利于司法效率的提高

长期以来“大多数的基层办案单位对涉案财物的管理以人工管理为主，涉案财物的入库、存放、盘点、出库，多采用手填登记，手写编码，人工查找，人力搬运”①，涉案财物的管理效率低。目前，建立独立统一的涉案财物管理中心，引入科技化、智能化、自动化技术，大大提高了涉案财物管理效率。例如，成都市涉案财物管理中心配有智能化安防系统、门

---

① 李玉华：《论独立统一涉案财物管理中心的建立》，载《法制与社会发展》2016年第3期。

禁系统、监控系统及手机屏蔽柜、防腐化学柜等高科技专业设备；还推出了一系列的财物保值策略和证据保存方法，涉案财物信息全部采用电子标签管理，“一物一码”，通过扫描标签二维码即可获知财物详细信息。实现了涉案财物的集约、智能化管理。广元市涉案财物管理中心采用电子标签管理涉案财物信息的模式，实现了涉案财物的集约、智能化管理。[①]深圳市宝安区涉案财物管理中心配备了涉案财物管理系统、智能仓管系统、自动化仓储电控系统、RFID管理系统、安防及信息安全系统、动力环境监控系统、现场物证采集系统、视频监控系统、远程示证系统，并开发了扣押APP、定制组合式物证保管箱、高燥专门的物证押送车、创新开发远程示证系统。北京市西城区人民检察院基于物联网技术和分区管理理念，自主研发的刑事诉讼涉案财物智能化管理系统，运用大容量磁盘阵列、数据存储设备，内置数字监控、数字成像、密闭保存、专用设备保管、实时行为轨迹记录、保管人身份识别等设备。更为重要的是，该系统还设计了统计分析功能，从证物类别、数量、案件性质、地理分布、时间序列等多个维度对证物进行统计分析，为预审、庭审和案情发展研究提供支持；可以自动生成涉案财物管理报表，报表分为周报、月报、季报和年报；可以自动生成涉案财物管理分析简报，对涉案财物的案情特征进行描述。管理员可以根据办案人员的要求，将相关案件数字化档案制作成多媒体信息光盘，为预审或庭审人员提供有效的示证支持，大大降低预审或庭审中实物出示率，且视频资料可以根据需要将相关涉案财物的细微特征放大，便于质证、示证。[②]科技化将更多的人力解放出来，同时，也实现对涉案财物更

---

① 何成军、王明东：《刑事案件涉案财物保管若干问题研究——以委托第三方机构保管为视角》，载《人民法治》2018年第23期。

② 翟兰云：《三大智能化操作平台实现全方位管理》，载《检察日报》2015年11月9日第3版。

高效、更智能地管理。

（三）有利于降低司法成本

建立独立统一的涉案财物管理中心有利于优化司法资源配置，降低司法成本。

首先，独立统一的涉案财物管理中心实行“实物不动、凭证流转”，减少了实物流转有利于降低司法成本。通过建立公检法机关跨部门的独立统一涉案财物管理中心不仅提高了司法效率，也相应节约了实物流转的运输成本和保管成本。涉案财物的随案移送涉及公检法机关从立案、侦查、审查起诉到审判等整个诉讼过程多次实物流转，建立集中管理的涉案财物管理中心，结合远程示证的功能，能够减少大量的涉案财物运输、流转费用和风险。

其次，建立独立统一的涉案财物管理场所，避免重复建设有利于降低司法成本。我国地域辽阔，公检法机关各级办案部门数量多，据统计，“2011年3月至12月，全国公安机关专项整改涉案财物管理问题，建成规范化涉案财物管理场所2.6万”①，此外还有检察院、法院的大量涉案财物管理场所。在满足涉案财物管理现实需求的基础上，如果不改变公检法机关各部门分别管理的模式，将所有涉案财物管理场所进行新建或改造，则投入巨大。例如，“浙江省投入资金1.74亿元，升级改造公安办案区1198个，涉案财物（物证）管理中心（室）1172个，建设案件管理中心（室）1139个”②。相对而言，在市、县两级分别设立一个跨部门的独立统一涉案财物

① 参见2013年6月26日国务委员兼公安部部长郭声琨在第十二届全国人民代表大会常务委员会第三次会议上所作《国务院关于公安机关执法规范化建设工作情况的报告》。

② 周斌：《让数据多跑路使群众少跑腿》，载《法制日报》2017年3月14日第1版。

管理中心，既能满足辖区内案件涉案财物的管理需求，还避免了大量部门的重复投入，节约了巨大的投入，具有现实可操作性。从投入的角度，集中投入建立一个专门的涉案财物管理机构，相对于办案部门分别建设涉案财物管理机构的总投入，同等质量，投入更低，同等投入，质量更高。据课题组调研：成都市三机关委托某保安服务总公司建设管理中心，节约本级和七个区级政法部门分散重复建设费用约1400万元，每年常态化运行费用约500万元；对办案单位的大型涉案财物还有上门接收服务，为办案人员缩短了约一半的移交周期。①

最后，减少国家赔偿等有利于降低司法消极成本。近年来，由于涉案财物管理问题引发的国家赔偿案件数量剧增，涉案金额巨大，如服刑人袁某家基于违法查封、扣押、冻结、追缴等，申请国家赔偿逾37亿元②、王某玉申请大连市中级人民法院依法偿还查封、冻结、拍卖的原物或等价赔偿物12.7亿元；③孙某龙基于珠海市公安局拱北口岸分局扣押的“名画”未归，申请国家赔偿数千万元；④牟某基于吉林省公安厅违法扣押申请国家赔偿，获返还违法扣押的2020万元，并获赔利息损失730万元；⑤马某等申请那曲公安处国家赔偿违法扣押的58公斤黄金，获1100万元国

① 李玉华、高源：《独立统一涉案财物管理中心建立与设计调研报告之西部某市篇》（2017年5月）。

② 欧阳晨雨：《戴罪之身可否申请37亿元国家赔偿》，载《中国青年报》2017年7月6日第2版。

③ 唐碧：《商人资产被超额查封申请12.7亿国家赔偿》，载《财会信报》2018年1月29日第E03版。

④ 何林璘：《男子家藏“名画”被警方扣押28年：法院调解有望获赔》，http://www.china.com.cn/news/2017-12/15/content_41990604_2.html，2018年1月26日访问。

⑤ 李铁柱：《公安罚没两千万元12年后终被“判赔”》，http://www.chinanews.com/sh/2016/09-02/7991978.shtml，2018年1月26日访问。

家赔偿[①]。案件反映出涉案财物的查封、扣押、冻结、保管、处置中存在失职保管造成涉案财物丢失、涉案财物超额扣押和超期扣押、利益牵连侵占涉案财物等问题，导致巨额国家赔偿。对此，建立与办案人员、办案部门，甚至公检法机关利益无涉的独立涉案财物管理中心进行统一规范管理，有利于预防上述引发巨额国家赔偿的问题发生，从某种意义上来说，可以视为涉案财物管理消极成本的节约。

---

① 谢煜楠：《58公斤黄金被扣18年当事人获1100万元国家赔偿》，载《中国青年报》2017年8月17日第4版。

第二章　独立统一涉案财物管理中心的功能①

独立、统一涉案财物管理中心主要有四个功能：保管功能、服务办案功能、保值增值功能和协助处置功能。保管功能有专章进行论述，本章主要论述另外三个功能。

一、服务办案功能

涉案财物具有双重属性，即财产属性和证据属性。对于作为财产的涉案财物，涉案财物管理中心一般只需要妥善保管，待最终裁判作出后，根据相关法律文书的内容配合行政、司法机关执行即可。特殊情形下，为了实现财产的保值增值，管理中心可以采取先期处置或必要的经营行为。作为证据使用的涉案财物则不同，涉案财物管理中心不仅要对证据进行妥善保管，而且要为与证据相关的办案程序提供法律服务。以刑事诉讼为例，我国《刑事诉讼法》规定的与证据相关的诉讼程序包括搜查、扣押、查封、冻结、辨认、鉴定、质证等，公检法三机关对涉案财物采取搜查、扣押、查封、冻结等强制性措施时，尚未将其移送至管理中心，此时涉案财物不属于管理中心的管理范围。一旦办案机关将涉

① 本部分作者为张晶、李玉华。

案财物送至管理中心保管，对于作为证据使用的涉案财物，管理中心应当为办案提供相应的便利，辅助办案机关完成辨认、鉴定、质证等诉讼程序，必要时涉案财物管理人员应当就证据的同一性和保管链条的完整性出庭作证。因此，涉案财物管理中心具有服务办案的功能，具体包括协助涉案财物辨认、协助查看涉案财物、协助鉴定服务、协助远程示证和出庭作证。

（一）协助涉案财物辨认

辨认，是指在刑事、行政等案件中，办案人员为了查明案情，在必要时让当事人对与案件有关的物品、文件、人员、尸体等进行辨认的一种活动。[①]辨认一般包括对涉案人员的辨认和对涉案财物的辨认。对涉案人员的辨认可以由办案机关自行组织。对涉案财物的辨认，如果需要辨认的涉案财物尚未移送至涉案财物管理中心，办案机关可以自行组织辨认；如果该涉案财物已交由涉案财物管理中心保管，辨认应当由办案机关组织，涉案财物管理中心予以协助。为了保障对涉案财物辨认的顺利实现，涉案财物管理中心应当具备以下软硬件条件。

在硬件设施方面，管理中心应当设立专门的涉案财物辨认室。根据相关规定，辨认违法犯罪嫌疑人的辨认室应当设置在办案区，对于涉案财物的辨认并没有专门作出规定。但在刑事司法实践中，涉案财物的辨认一般在讯问过程中或者在办案区内的辨认室进行。因此，管理中心涉案财物辨认室的设置标准可以参照《公安机关执法办案场所设置规范》等的相关规定。一方面，涉案财物辨认室应当符合安全、保密的要求。辨认室应当与其他功能区实行物理隔离，且不得设置在二楼或者二楼以上；室内应当避

① 参见宋英辉、甄贞主编:《刑事诉讼法学》，中国人民大学出版社2016年版，第301页。

免有凸出的硬棱角、悬挂支点及可能被直接用来行凶、自杀、自伤的物品（除需要被辨认的物品外）；室内设置防撞玻璃隔离被辨认的涉案财物，既要保障辨认人能够看清涉案财物，又要防止在辨认时发生污染、损毁等行为，或者在辨认刀具等作案凶器时行凶或自伤。另一方面，涉案财物辨认室内应当安装具有数据存储功能的电子监控设备，室内的光照亮度应当满足辨认和录像的要求，并在醒目的位置设置“声像监控区域”标志牌；辨认室在使用时，应当开启视频监控设备，并有专人负责，声像资料应当保存不少于一年，并通过权限进行分级授权管理，严格设置使用的权限等级，不得越权浏览、调阅、复制、拷贝辨认时的相关监控资料。

在程序保障方面，第一，办案机关需要辨认时，应当提前通过电话或者统一的涉案财物信息管理平台向管理中心预约，给管理中心预留出准备涉案财物的时间。第二，办案机关应当将辨认人对物体特征、周围环境等的详细描述提交至信息管理平台，方便管理中心提供相似物；对汽车、电动车等不易搬运的物品，管理中心可以根据辨认人的描述，提供相似物的照片进行辨认。第三，辨认活动由办案机关组织，管理中心协助，辨认前办案人员应当确认待辨认的物品或照片符合辨认的要求。第四，辨认室应当使用登记管理制度，设置专门台账，载明进入辨认室的辨认人、案由、进出时间、辨认的物品及办案机关、办案人员、辨认室值班负责人等信息，有条件的地方应当对台账实行信息化管理。第五，管理中心工作人员不能作为辨认时的见证人，为了方便办案机关办案，可以联系管理中心周围社区的工作人员或者居民，对于自愿且符合条件的，定期轮流担任见证人。

（二）协助查看涉案财物

查看涉案财物，是指办案人员民事案件的当事人、诉讼代理人，刑事案件的辩护律师、诉讼代理人，行政案件的当事人、诉讼代理人对涉案财物特征是否与案卷中的陈述相吻合，照片、录像、复制品是否与原物相符，保存是否完好等存在疑问时，可以向办案机关申请查看相关涉案财物，涉案财物管理中心予以配合。

1.查看涉案财物的主体

（1）办案人员

涉案财物是办案机关在办案过程中采取强制性措施的物品、文件、款项等，与办案息息相关。为了防止涉案财物损毁、灭失，实现办案与保管相分离原则，应将涉案财物交涉案财物管理中心代为保管。办案过程中，办案人员一旦因办案需要查看涉案财物可以随时查看，涉案财物管理中心应当予以协助。

（2）民事案件的当事人、诉讼代理人，刑事案件的辩护律师、诉讼代理人，行政案件的当事人、诉讼代理人

我国《刑事诉讼法》第40条规定，辩护律师自人民检察院对案件审查起诉之日起，可以查阅、摘抄、复制本案的案卷材料。《最高人民法院关于适用〈中华人民共和国刑事诉讼法〉的解释》第53条规定，辩护律师可以查阅、摘抄、复制本案的案卷材料。其他辩护人经人民法院许可，也可以查阅、摘抄、复制案卷材料。我国《民事诉讼法》第49条第2款规定，当事人可以查阅本案有关材料，并可以复制本案有关材料和法律文书。第61条规定，代理诉讼的律师和其他诉讼代理人有权调查收集证据，可以查阅本案有关材料。《行政诉讼法》第32条规定，代理诉讼的律师，有权按照规定查阅、复制本案有关材料，有权向有关组织和公民调查，收集与本案有关的证据。对涉及国家秘密、商业秘密和个人隐私的材料，应当依照法律规定保密。当事人和其他诉讼代理人有权按照规定查阅、复制本案庭审材料，但涉及国家秘密、商业秘密和个人隐私的内容除外。法律规定了

阅卷权和调查取证权，但是，对于当事人、辩护律师、诉讼代理人在审前对卷宗中的涉案财物的照片、复制品等有疑问是否可以查看涉案财物原件原物，法律及相关司法解释中并没有具体规定。

当前司法实践中，物证、书证等涉案财物原件一般由办案机关保管，当事人、辩护律师和诉讼代理人一般无法接触到只能通过阅卷看到卷宗中的照片、复制件或复制品，但在某些情况下，并不能准确判定卷宗中照片上的物品是否为原物，还需要结合笔录、鉴定意见等证据，与照片上涉案财物的外部形态进行对比。卷宗中之所以将原件替换成照片或复制品，是为了防止涉案财物原件被污染、损坏或原物不易搬运，如果卷宗中的照片不能反映原件的全部特征，当事人、辩护律师或诉讼代理人对该证据存疑，应当允许其查看原件，这也是当事人、辩护律师、诉讼代理人阅卷权的应有之义。因此，对于涉案财物管理中心保管的涉案财物，当事人、辩护律师、诉讼代理人要求查看的，经办案机关批准后，涉案财物管理中心应当允许其查看。

2.查看涉案财物的条件

第一，办案人员可以随时查看涉案财物，当事人、辩护律师、诉讼代理人自刑事案件移送审查起诉之日起，行政或民事案件自立案之日起可以查看涉案财物。上文中提到，查看涉案财物原件原物一般是在卷宗不能反映原件全部特征，当事人、辩护律师、诉讼代理人对该证据存疑时，是阅卷权的延伸。因此，查看涉案财物原件原物的时间应当与阅卷的时间保持一致。第二，需经办案机关批准。涉案财物，特别是具有证据属性的涉案财物对案件至关重要，如果出现污染或损毁，整个案件就可能无法继续进行。因此，当事人、辩护律师、诉讼代理人查看涉案财物，也应经案件所在诉讼阶段的办案机关批准。第三，办案人员查看时需携带工作证和与涉案财物相关的文书；辩护律师、诉讼代理人要求查看涉案财物时，应当携带办案机关同意查看的文书、律师执业证、身份证原件、授权委托书和律师事务所公函（或法律援助公函）；非律师诉讼代理人要求查看时，应当携带本人身份证原件、授权委托书、办案机关同意查看的文书；当事人要求查看时，应当携带身份证原件和办案机关同意查看的文书。

3. 涉案财物查看室的设置标准和要求

涉案管理中心可以设置专门的涉案财物查看室，如果条件不允许也可以在辨认室内查看。涉案财物查看室应当与辨认室一样，与其他功能区隔离，室内设置防撞玻璃隔离被查看的涉案财物，既要保障当事人、辩护律师、诉讼代理人能够看清涉案财物，又要防止涉案财物被污染或损毁，允许其在不损害涉案财物的情况下拍照、录像等；涉案财物查看室内应当安装具有数据存储功能的电子监控设备，室内的光照亮度应当满足查看和录像的要求，并在醒目的位置设置“声像监控区域”标志牌；查看室使用时，应当开启视频监控设备，并有专人负责，声像资料应当保存不少于一年；建立使用登记管理制度，设置专门台账，载明进入查看室的当事人、辩护律师或诉讼代理人、案由、进出时间、查看的涉案财物及办案机关、办案人员、值班负责人等信息，有条件的地方也应当对台账实行信息化管理；如果当事人、辩护律师或诉讼代理人有损害、污染涉案财物的行为应当立即制止，不再让其继续查看，并将具体情况通报办案机关。

（三）协助鉴定服务

鉴定，是指办案机关为了查明案情，指派或者聘请具有专门知识的人对案件中的某些专门性问题进行鉴别和判断的活动。[①]协助鉴定，是指由涉案财物管理中心保管的涉案财物，办案机关为查明案情认为需要鉴定时，涉案财物管理中心应当予以协助和配合。本文将从协助鉴定的方式和协助鉴定的流程两方面进行论述。

1. 协助鉴定的方式

鉴定种类众多，凡是与案件有关的物品、痕迹、人身、尸体等，都可以进行鉴定。根据《全国人民代表大会常务委员会关于司法鉴定管理问题的决定》第2条规定，司法鉴定包括法医类鉴定（法医病理鉴定、法医临床鉴定、法医精神病鉴定、法医物证鉴定和法医毒物鉴定）、物证类鉴定（文书鉴定、痕迹鉴定和微量鉴定）和声像资料鉴定（对录音带、录像带、磁盘、光盘、图片等载体上记录的声音、图像信息的真实性、完整性及其所反映的情况过程进行的鉴定和对记录的声音、图像中的语言、人体、物体作出种类或者同一认定）。每个鉴定种类都涉及实物证据的鉴定。司法实践中与实物证据相关的鉴定种类更是五花八门，如交通事故司法鉴定中的汽车技术状况鉴定，汽车部件鉴定，车速鉴定，痕迹鉴定，物质种属及成分、含量鉴定，指纹鉴定，等等；法医鉴定中的法医物证鉴定等；文物鉴定中的书画鉴定、陶器鉴定、瓷器痕迹鉴定、瓷器断代鉴定、玉器鉴定、杂项鉴定，以及相应的估价鉴定等。[②]此外，有学者曾对上海地区、青岛地区和内蒙古地区的鉴定制度运行情况进行实证调研，三个地区案卷中涉及的刑事鉴定种类大致相同，以青岛市中级人民法院调阅的106份刑事案卷为例，共涉及鉴定种类13种，鉴定意见254份，包括法医尸检、

① 参见宋英辉、甄贞主编：《刑事诉讼法学》，中国人民大学出版社2016年版，第298页。

② 参见贾治辉、欧阳俊荣、凌扬棣：《论司法鉴定的科学分类与鉴定人资格管理》，载《中国司法鉴定》2016年第2期。

DNA鉴定、涉案资产鉴定、司法精神病鉴定、伤情鉴定、汽车痕迹检验鉴定、枪支鉴定、物价鉴定、乙醇含量鉴定、血型鉴定、药物鉴定、指纹鉴定、科学技术鉴定。[①]我们发现，在这13种鉴定中，6种与人身相关，其余7种都涉及涉案财物。

涉案财物管理中心保管的物品众多、种类多样，每个物品都可能面临或价值，或痕迹，或真伪的鉴定，甚至每个物品可能会面临不止一种鉴定。为了辅助办案，涉案财物管理中心应当为鉴定提供辅助服务。但是涉案财物管理中心不可能让每一种鉴定类型都有鉴定机构入驻，将中心变成鉴定机构的“集合体”。特别是在进行痕迹、车速等鉴定时，需要特殊的仪器或科技手段，如果在涉案财物管理中心内设置鉴定需要的全部硬件设施，将耗费大量的时间、人力、财力、物力。因此对于需要鉴定的一般物品，可以出库鉴定。但对于一些特殊的物品，如价值较大且易损坏的文物、大件且不易搬运的物品等，涉案财物管理中心应当允许办案机关指派或聘请的鉴定人员来中心内鉴定，并提供必要的便利。综上，涉案财物管理中心协助鉴定的方式包括两种，即以出库鉴定为主，中心内鉴定为辅。出库鉴定，是指对需要鉴定的物品，办案人员将该物品送至鉴定机构进行鉴定，涉案财物管理中心予以配合；中心内鉴定，是指对于某些不易搬运、价值较大等特殊的涉案财物，在条件允许的情况下，鉴定人员可以到涉案财物管理中心内鉴定。

2. 协助鉴定的流程

（1）出库鉴定流程

第一，办案机关在办理案件过程中，认为由涉案财物管理中心保管的

---

① 参见汪建成：《中国刑事司法鉴定制度实证调研报告》，载《中外法学》2010年第2期。

与案件相关的涉案财物需要出库鉴定，应提前通知涉案财物管理中心做好准备。第二，办案机关应向涉案财物管理中心提供申请出库鉴定的法律文书，涉案财物管理中心对出库鉴定的时间、物品、相关案件、经手人等进行登记，并对照涉案财物核对入库时登记的特征信息，确认无误后交给办案人员。第三，为了保证涉案财物的同一性，可以引入物流管理方式，将出库鉴定的涉案财物保存在配有二维码锁的保管盒或保管箱内，只有通过扫描二维码才能开锁，二维码扫描信息会迅速上传到管理系统，系统直接显示涉案财物现在处于哪个阶段保管。开锁后，保管箱（盒）无法自动上锁，只有将涉案财物再次放入后，保管箱（盒）才能关闭。目前，上海市公安局已经采用RFID自动识别信息管理系统，实现了涉案财物保管的动态监控，全程跟踪物品入库、调用、归还、出库等环节。[①]第四，鉴定完毕后，办案人员将涉案财物送回涉案财物管理中心时，应当同最初入库时的登记信息再次进行核对，如果信息一致，则直接办理入库登记；如果信息存在出入，或者涉案财物与最初入库时的特征信息不一致，办案人员应当说明情况，由管理人员记录在案。如果不能作出合理解释，则不予入库。

（2）中心内鉴定流程

第一，中心内鉴定的物品主要包括三类：贵金属、文物等贵重物品；不易保存、易损坏的物品；不易搬运、携带的大宗物品。第二，涉案财物管理中心建立涉案财物鉴定室，并安装具有数据存储功能的电子监控设备，室内的光照亮度应当满足鉴定和录像的要求，鉴定室使用时，应当开启视频监控设备，并有专人负责，声像资料应当保存不少于一年。第三，

① 参见上海訾信信息技术有限公司：《上海市公安局采用RFID技术实现涉案财物保管全程跟踪监控》，载《中国自动识别技术》2016年第5期。

公安机关对于需要采取中心内鉴定的方式，应当提前通知涉案财物管理机关，并提交申请中心内鉴定的法律文书和鉴定人、鉴定机构的资质备案。第四，鉴定室应当同辨认室一样，设置专门台账，载明进入鉴定室的办案人员、鉴定人员、案由、进出时间、鉴定的物品以及鉴定室值班负责人等信息，有条件的地方应当对台账实行信息化管理。第五，鉴定完毕后同出库鉴定一样，对照最初入库时的登记信息再次进行核对，保证涉案财物的同一性和完整性，如果发现不一致，鉴定人员应当说明情况，必要时可以调取鉴定室的同步录音录像视频进行核实。

（四）协助远程示证

远程示证是指涉案财物管理中心通过远程视频系统展示证据。目前，全国各地都在探索利用科技手段提高司法效率，比如，“河南省唐河县检察院副检察长刘弘聚运用远程视频庭审系统，以公诉人身份对被告人王某涉嫌危险驾驶罪一案出庭支持公诉。宣读起诉书、举证、示证、发表公诉意见、法庭辩论……高清的音频和图像，同步的传输，远程庭审现场处处体现着科技元素。20分钟后，庭审结束。公诉过程程序规范、画面流畅、声音清晰”[①]。杭州市西湖区人民检察院建设了“审查示证一体化系统”，它可以和检察机关办案系统进行数据对接，公诉人在办案系统中审查案件时，不用再对证据材料进行摘抄，而是可以直接对电子卷宗进行截取和复制，公诉人审查案件，只需要写证据分析和处理意见就行了，制作审查报告更加便捷。开庭的时候，公诉人只要在远程庭审室，用个人账号和密码登录办案系统，就可以在线展示；同时通过远程视频系统

① 刘立新：《庭审现场用上了远程视频系统——河南：智慧公诉建设提速增效》，载《检察日报》2018年7月29日第1版。

将双流信号分别传递给法院法官和看守所被告人。[①]涉案财物管理中心也可在涉案财物管理中心设置专门的远程示证室，[②]在检察机关审查批捕、审查起诉，法院审判时可通过远程视频连线方式审查判断证据。检察机关在审查批捕和审查起诉时，主要通过审阅卷宗，包括证据卷中证据的照片、复印件、笔录等材料。如果发现矛盾且侦查机关无法解释，则会核查实物。庭审中通常对控辩双方分歧较大的关键证据也要以原物出示。照片容易失真且拍摄角度不同也会造成关键点不清晰，视频则会迅捷、全方位、生动地展现作为证据的涉案财物。对于视频审核或质证后仍有重大疑问或争议，且体积大不易搬运的涉案财物，可由检、法办案人员到保管现场审核，必要时可邀请辩护人参加。远程示证室应当配备专门的工作人员，检察院或法院需要审查证据，或者庭审过程中需要展示的，提前通知涉案财物管理中心即可。工作人员在展示证据时应当防止二次污染，不同的证据有不同的展示方式，如管制刀具、棍棒等作案工具，可能留有被追诉人的指纹，即使办案机关已经提取固定，展示证据的工作人员也应对证据进行物理保护。展示证据的时间、人员、案件、申请机关也应做好台账登记。

（五）出庭作证

在整个刑事诉讼过程中，涉案财物特别是具有证据属性的涉案财物，

---

① 参见洪明思：《西湖检察院“审查示证一体化系统”上线　出庭公诉更“智慧”》，http://ori.hangzhou.com.cn/ornews/content/2018-02/07/content_6794974.htm，2019年5月2日访问。

② 在涉案财物管理中心设置远程视频示证室的观点是课题组在2016年为深圳市宝安区刑事涉案财物管理中心起草、修改试点细则时最早提出的，最早在深圳市宝安区刑事涉案财物管理中心的建设和运行中得以应用，后各地来该中心参观学习，有些地方借鉴了这一做法，如北京市各级涉案财物管理中心的建设就借鉴了该做法。

经历收集、提取、保管、运输、出示等多个环节，整个过程环环相扣，任意阶段保管物品存在同一性质疑，都可能影响证据的证明力甚至造成证据的灭失。因此，如果在法庭审理过程中，辩方提出某一证据存在瑕疵，经手该物品的人应当出庭说明情况。

涉案财物管理人员出庭作证的理论根源在于“证据保管链制度”（chain of custody）和“鉴真”（authentication），所谓“证据保管链制度”是指从获取证据开始，直到证据提交法庭，关于证据的流转和安置情况，以及在这过程中保管证据的人员情况。证据保管链不仅要求每一个保管证据的人提供证言证明对证据保管是连续的，还要求每一个涉案财物管理人员提供证言证明在其保管证据期间，证据实质上保持相同的状态，没有被替换或者改变。[①]所谓“鉴真”是指“为满足对证据进行验（鉴）真或者辨认的要求，证据提出者必须提出足以支持该证据系证据提出者所主张证据之认定的证据”[②]。二者属于相辅相成的关系，只有通过容易辨认的特征或通过保管链条而进行的辨认，或者通过保管链条证明未改变状态，才能对实物证据进行鉴真。[③]如果需要鉴真的实物证据本身来源不明、提取经过没有记载或保管不善，就无法清晰地说明其是否真实存在过以及究竟存在于何处，也就无法对其本身所包含的事实信息加以鉴别。[④]以河北承德陈某清案为例，由于侦查人员在作案车内提取的烟头上的DNA经鉴定与被告人杨某亮一致，该烟头成为证明被告人杨某亮作案的物证之一。而现场勘验时

---

① 参见陈永生：《证据保管链制度研究》，载《法学研究》2014年第5期。

② 王进喜：《美国〈联邦证据规则〉（2011年重塑版）条解》，中国法制出版社2012年版，第311页。

③ 参见［美］罗纳德·J.艾伦等：《证据法：文本、问题和案例》，张保生等译，高等教育出版社2006年版，第212页。

④ 参见陈瑞华：《实物证据的鉴真问题》，载《法学研究》2011年第5期。

拍下的烟头照片没有入卷，烟头经鉴定后不知去向，因而没有任何证据能够证明送检的烟头就是案发现场提取的烟头。[①]所以，司法机关在诉讼过程中提交的实物证据至少需要证明该证据是来源可靠、提取合法和保管完善的，也就是该证据确实属于提交证据的一方所声称的“那份证据”。[②]否则，保管链条中断，则可能导致无法“鉴真”。

因此，涉案财物管理中心在管理涉案财物的过程中，整个保管链条应当处于闭合的状态，否则一旦保管、运输、出示等环节出现问题，辩方提出质疑，且该证据可能影响法庭对案件事实的认定，则法官认为在必要的情况下可以通知涉案财物管理人员作为证人就保管过程出庭说明情况。

二、保值增值功能

长期以来，在法院作出判决前，涉案财物可能面临两种境遇，要么被“一扣到底”，要么被“低价贱卖”，未曾考虑对被扣财产的保值增值问题，刑事涉案财物在这方面尤为突出。比如，成都市温江区公安机关扣押的31辆涉案车辆中，最长的已搁置10年，很多车已经完全没电，仪表盘不能显示，有的甚至连引擎盖都打不开，物价鉴定机构也无法鉴定其价值。另外，涉案车辆中有不少毒贩的作案车辆，不乏名贵车，由于搁置时间太长，基本成了废铁。[③]涉案财物从被采取强制性措施到进行实体处置有相当长的时间，如果不妥善对其进行保值增值，其在诉讼后可能大大贬值，甚者一

① 参见白冰：《论实物证据的鉴真规则》，载《当代法学》2018年第1期。

② 参见陈瑞华：《实物证据的鉴真问题》，载《法学研究》2011年第5期。

③ 参见刘宏顺、钟振宇：《成都涉案车辆挤爆公安大院 宝马变废铁50元一吨》，https://new.qq.com/cmsn/20160220/20160220009140，2019年4月1日访问。

文不值。[①]涉案财物保值增值问题亟待解决。

我国现有法律法规中，中共中央办公厅、国务院办公厅（以下简称两办）《关于进一步规范刑事诉讼涉案财物处置工作的意见》第7条、《公安机关涉案财物管理若干规定》第6条第2款[②]和第21条[③]，仅笼统提到保值，规定了可先期处置[④]财产的范围，并未界定什么是“保值”、为什么需要“保值”以及如何进行“保值”等问题。对于增值，法律也仅规定了经营性资产托管这一单一的增值方式，没有具体规定如何托管。与立法基本处于空白状况相伴随的是，我国学术界目前也没有专门针对涉案财物保值增值问题进行全面、深入研究的学术成果，[⑤]大部分研究成果只是在研究涉案财物相关问题时附带提及保值增值。[⑥]

涉案财物保值增值工作复杂，涉及领域较多，不仅涉及刑事领域，还

---

① 参见李玉华：《论独立统一涉案财物管理中心的建立》，载《法制与社会发展》2016年第3期。

② 2015年《公安机关涉案财物管理若干规定》第6条第2款明确指出：“……根据案件具体情况，在保证侦查活动正常进行的同时，可以允许有关当事人继续合理使用有关涉案财物，并采取必要的保值保管措施，以减少侦查办案对正常办公和合法生产经营的影响。”

③ 《关于进一步规范刑事诉讼涉案财物处置工作的意见》第7条和2015年《公安机关涉案财物管理若干规定》第21条规定内容相似，即对易损毁、灭失、腐烂、变质而不宜长期保存的物品，易价值贬损的车辆、船舶等，市场价格波动大的债券、股票、基金份额等财产，有效期即将届满的汇票、本票、支票等可以进行先期处置。

④ 所谓先期处置（或称先行处置），是指刑事裁判生效前，对前期查封、扣押的易损坏、腐烂、变质或贬值的涉案财物，通过拍卖、变卖等方式进行提前处分。

⑤ 课题组在中国知网对篇名中含有“涉案财物保值增值”一词的论文进行检索，没有检索到相关文献。

⑥ 李玉华：《论独立统一涉案财物管理中心的建立》，载《法制与社会发展》2016年第3期；李玉华：《从涉众型经济犯罪案件看涉案财物的先期处置》，载《当代法学》2019年第2期；田力男：《刑事涉案财物保管与处置新制研究》，载《法学杂志》2018年第8期；刘文峰：《犯罪收益独立没收程序研究》，中国政法大学出版社2016年版，第207–208页；赵勤娟：《被扣押财产托管制度探析》，载《山西师范大学学报（社会科学版）》2018年第5期；吴光升：《刑事涉案财物处理程序研究》，法律出版社2018年版；何成军、王明东：《刑事案件涉案财物保管若干问题研究——以委托第三方机构保管为视角》，载《人民法治》2018年第23期。

涉及合同、信托等民商事领域，需要专业的机构和人员胜任。以刑事涉案财物为例，目前主要的保管模式仍然是分散保管、各自管理，部分地区实现了公安代管或公检法三机关共管的管理模式，但这几种管理模式都没有跳出公安司法机关自我管理的范畴，缺乏专业性和独立性，不利于涉案财物的保值增值。然而，独立、统一的涉案财物管理中心是一个中立的、跨部门的统一、集中式保管机构，相当于“物的看守所”。[①]就涉案财物保值增值而言，在这一管理模式下，公安司法机关查封、扣押、冻结的涉案财物都交由涉案财物管理中心集中、统一管理，专业的管理人员和科技化管理手段可以对涉案财物实现精细化分类管理，也更易于甄别哪些财物易贬值、易变质，需要采取哪些保值、增值措施，以更好地实现对国家、社会和公民个人财产的保护。

因此，面对前述我国实践中的需要以及理论和立法上几乎空白的状况，本章试图以刑事涉案财物为例，以独立、统一的涉案财物管理中心为依托，对涉案财物保值增值的概念和实现方式、必要性、创新性探索路径以及法律保障等方面进行深入探讨。

（一）涉案财物保值增值的概念及实现方式

1.保值

保值，顾名思义，是指保持涉案财物原有的价值和使用价值，不让其因环境等因素受到影响。一般情况下，涉案财物被采取查封、扣押、冻结等强制性措施后，经历侦查、起诉、审判、执行等诉讼阶段，持续时间较长，受时间、环境、人为等因素影响，有些财物可能会贬值。对易损坏、

---

① 参见李玉华：《论独立统一涉案财物管理中心的建立》，载《法制与社会发展》2016年第3期。

易变质的财物进行保值，目的在于及时止损，防止财物继续贬值，保护财产权利人的合法权益。

目前，我国司法实践中涉案财物保值的方式主要有两种：一是管理过程中的日常维护和经营。我国2015年《公安机关涉案财物管理若干规定》第11条[①]规定了涉案财物的日常保养，即通过日常的分类、分案保管和定期保养等措施尽量减少财物的物理性磨损，延长其使用寿命。比如，将保管区细分为大宗财物、高价值财物、易腐蚀类财物、一般财物和涉案车辆保管区，根据涉案财物不同种类，分别采取相应的保管方式。对于涉案车辆引入4S店专业维护标准，制订“一周打火，两周清洗，三月保养”的服务规程，保障涉案车辆入库、出库一个样，避免涉案车辆因保管不当导致的价值贬损。[②]无论案件诉讼进程如何推进，处于什么阶段（审前、审判或执行过程中），只要涉案财物尚未被执行完毕且处于涉案财物管理中心的管理之下，都应对其进行日常维护。二是对易腐烂、变质或贬值的财物进行先期处置。我国2015年《公安机关涉案财物管理若干规定》第21条[③]规定了先期处置。域外也有将扣押物变卖保值的立法经验，例如，《德国

① 第11条规定：“对于不同案件、不同种类的涉案财物，应当分案、分类保管。涉案财物保管场所和保管措施应当适合被保管财物的特性，符合防火、防盗、防潮、防蛀、防磁、防腐蚀等安全要求。涉案财物保管场所应当安装视频监控设备，并配备必要的储物容器、一次性储物袋、计量工具等物品……”

② 参见冉倩婷：《成都涉案财物管理中心探访　涉案车管理堪比4S店水平》，http：//sc.sina.com.cn/news/b/2017-06-19/detail-ifyhfnqa4430709-p2.shtml，2019年6月19日访问。

③ 《公安机关涉案财务管理若干规定》第21条规定：“对于因自身材质原因易损毁、灭失、腐烂、变质而不宜长期保存的食品、药品及其原材料等物品，长期不使用容易导致机械性能下降、价值贬损的车辆、船舶等物品，市场价格波动大的债券、股票、基金份额等财产和有效期即将届满的汇票、本票、支票等，权利人明确的，经其本人书面同意或者申请，并经县级以上公安机关主要负责人批准，可以依法变卖、拍卖，所得款项存入本单位唯一合规账户；其中，对于冻结的债券、股票、基金份额等财产，有对应的银行账户的，应当将变现后的款项继续冻结在对应账户中。”

刑事诉讼法》第111条i规定："财产价值依照第110条c（没收扣押）被扣押，或者依据假扣押（第111条d）被查封，如果其面临腐坏变质或者价值重大减损，或者保管、维护或保养费用过大或有困难，允许在判决具有确定力前转让该财产价值。"[①]《日本刑事诉讼法》第122条规定："可以没收的扣押物，有可能消失或损坏，或者不方便保管时，可以将其变卖而保管起价金。"[②]先期处置是对前期查封、扣押的易损坏、腐烂、变质或贬值的涉案财物，通过拍卖、变卖等方式进行提前处分，有利于使被害人、被追诉人及权利第三人的财产权益得到最大保护。先期处置并非终局性处置，作为保值的手段之一，仅改变财物的保存方式，将实物变现保存价金，存入专门的银行账户保管，该物所有权并没有发生改变，最终归属仍由人民法院通过裁判决定。

2. 增值

增值，根据字面意思理解就是价值的增加。涉案财物的增值是指某一涉案财物，包括普通财物、经营性资产等，相对于涉案财物管理中心接收时价值有所增加，通常表现为价格升高。

目前我国法律对涉案财物的增值方式仅规定了经营性资产托管（亦称企业托管）。2017年，最高人民检察院、公安部联合修订的《关于公安机关办理经济犯罪案件的若干规定》第50条规定："对不宜查封、扣押、冻结的经营性涉案财物……必要时，可以申请当地政府指定有关部门或者委托有关机构代管。"2018年，最高人民法院、最高人民检察院、公安

① 《德国刑事诉讼法典》，宗玉琨译，知识产权出版社2013年版，第94-95页。

② 世界各国刑事诉讼法编辑委员会：《世界各国刑事诉讼法（亚洲卷）》，中国检察出版社2006年版。

部、司法部《关于办理黑恶势力犯罪案件若干问题的指导意见》第26条和最高人民法院、最高人民检察院、公安部、司法部《关于办理黑恶势力刑事案件中财产处置若干问题的意见》第12条均规定，对于不宜查封、扣押、冻结的经营性资产，可以申请当地政府指定有关部门或者委托有关机构代管或者托管。虽然这三部法律规定了经营性资产的托管制度，但如何根据我国实际情况对涉案财产选择最优托管模式在实践和理论方面都有待探索。

在我国司法实践中，公安司法机关托管经营性资产的主要涉及黑社会性质组织犯罪和涉众型经济犯罪，这两类犯罪的共同特点在于都存在犯罪企业化趋势，涉众型经济犯罪主要以公司为平台对外吸纳资金，而涉黑犯罪则是成立公司作为犯罪平台实施违法犯罪行为，或为谋求利益最大化，实施有组织犯罪或垄断经营、非法经营等行为。[①]如果公安司法机关在查处犯罪的过程中强制企业停止经营，让其配合调查，企业则面临亏损、违约，会陷入无休止的诉讼纠纷，甚至影响社会稳定。因此，目前在刑事案件中一旦涉及企业，公安司法机关为保障企业的正常生产经营，一般对涉案企业采取两种措施：一是对涉案企业监管经营，主要适用于以合法公司、企业为依托，其公司从事合法生产经营活动但又成立另外的非法组织或黑社会性质组织，通过犯罪的方式为企业和非法组织获取非法收益的情况。对于这种公司、企业由办理该案的专案组监管经营。对于在公安监管场所内被监管的民营企业法定代表人等企业核心成员，经办案单位同意，代理行使企业合法经营管理权的人员可将合同、企划书、项目书等涉及企业正常经营的文书等通过监管部门转交被监管

① 参见李伟：《黑社会性质组织犯罪涉案财物的依法处置》，载《人民司法（应用）》2018年第25期。

的企业人员进行研究、阅读、审签等，确保企业正常运转，不因经营者违法犯罪使企业正常经营受到影响。[①]例如，黄某裕案中，判刑并没有妨碍其控制和经营企业，其仍可在监狱中签署、传递文件，处理公司事务。[②]二是交由相关企业托管经营，主要针对企业只有某一正在经营或开发的项目涉嫌犯罪，其他都属于合法经营的情形，由侦查机关会同政府有关部门组织相应的国有企业暂时托管经营。[③]例如，重庆庆隆案中，重庆国际信托有限公司受市公安局专案组及渝中区、南岸区政府委托对庆隆公司进行托管。[④]

除企业托管方式外，在确立涉案财物的增值方式时，可参考域外有关资产经营的立法和实践经验。例如，《英国2002年犯罪收益追缴法》的民事追缴程序中规定了资产管理人可以对资产进行租赁；泰国资产管理局可以负责财产的出租；[⑤]加拿大被扣财产管理局（Seized Property Management Directorate，SPMD）允许在特定情况下与第三方签订委托管理协议，将特定财产交由第三方管理，如由博物馆管理文物、艺术品等，动物园、动物

① 参见赵威：《辽宁公安厅：对民营企业经营者慎用羁押性强制措施》，https://www.guancha.cn/politics/2018_12_22_484183.shtml，2019年6月27日访问。

② 参见王燕青：《揭秘富人怎么坐牢：黄光裕可在监狱里管理公司》，http://paper.chinaso.com/detail/20150825/1000200032862461440478438561372062_1.html，2019年6月27日访问。《公安机关经营"涉黑资产"于法无据》，http://money.163.com/13/0119/00/8LHRLHDV00253B0H.html#from=keyscan，2019年6月27日访问。

③ 参见刘湘廉：《近年我国涉黑犯罪组织资产处置实务考察——以C市为样本》，载《邵阳学院学报（社会科学版）》2013年第6期；参见吴光升：《刑事涉案财物处理程序研究》，法律出版社2018年版，第139页。

④ 袁礼碧：《重庆打黑除恶涉案企业"庆隆"公司欠农民工1.2亿薪水今发放》，http://news.ifeng.com/gundong/detail_2011_04/29/6073689_0.shtml，2019年6月27日访问。

⑤ 参见刘文峰：《犯罪收益独立没收程序研究》，中国政法大学出版社2016年版，第207-208页。

保护协会或者特定寄养场所管理动物或由私人第三方管理企业等。[①]

总之，目前域内外实践中涉案财物的保值方式主要包括两种：一是管理过程中的日常维护和经营；二是对易腐烂、变质或贬值的财物进行先期处置。增值方式也有两种：一是针对涉案财产的经营行为，包括溢价出售、资产出租等；二是针对涉案财产的托管行为，包括企业托管和普通涉案财物以增值为目的的托管。

（二）保值增值的涉案财物范围

两办《关于进一步规范刑事诉讼涉案财物处置工作的意见》第7条、《公安机关涉案财物管理若干规定》第21条规定的可以先期处置的财产范围，实质就是需要保值增值的部分财产的范围，先期处置的目的也是实现保值增值。我们根据上述法律规定，结合自身对司法实践的观察，将易贬值、需要保值增值的财产范围概括如下：

1.保值的范围

（1）车辆、机器设备等。汽车属于消耗型易贬值的财物，即使定期维修保养，基本性能良好，随着汽车车型和配置的更新迭代，其贬值也十分迅速。如图2–1所示，目前汽车的保值率一般采用十年折旧法来计算：第一年价值减少15%，剩余85%；第二年价值减少15%，剩余72.25%；第三年价值减少15%，剩余61.41%；第四年价值减少10%，剩余55.27%；第五年价值减少10%，剩余49.74%；第六年价值减少10%，剩余44.77%……一旦汽车被查封、扣押，如果疏于管理或者到了报废期

① 参见赵勤娟：《被扣押财产托管制度探析》，载《山西师范大学学报（社会科学版）》2018年第5期。

汽车性能下降，达不到国家现有的排放标准，没有人愿意购买，汽车只能变成一堆废铁。机器设备亦是如此，机器设备随着时间的推移会出现磨损等物理损耗，需要定期维护和保养，保管成本较高。另外，随着科学技术的进步和发展，机器设备即使得到精心维护，也可能因为其他性能更好、更节省成本、生产效率更高的设备的出现而贬值。

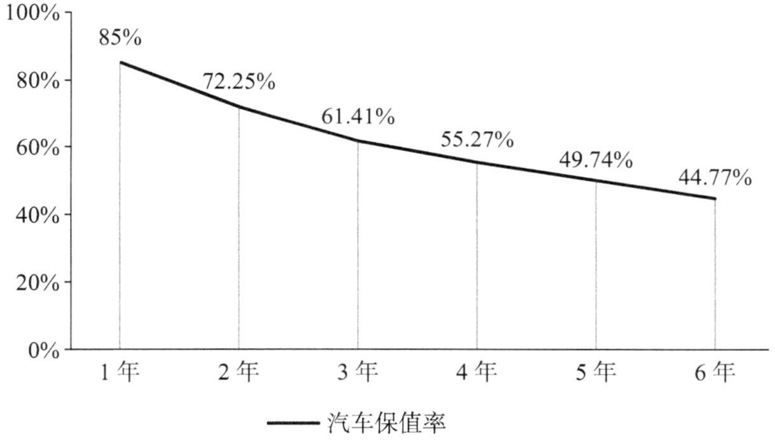

图2-1　汽车保值率

（2）有效期即将届满的汇票、本票、支票等。我国《票据法》第17条规定："票据权利在下列期限内不行使而消灭：（一）持票人对票据的出票人和承兑人的权利，自票据到期日起二年。见票即付的汇票、本票，自出票日起二年；（二）持票人对支票出票人的权利，自出票日起六个月；……"票据的有效期届满，意味着票据权利人的权利消灭。因此，对于有效期即将届满的票据，有必要将其及时变现，并继续采取扣押、冻结等强制性措施，待法院作出判决后再进行处理。

（3）易变质或有保质期的食品、药品等。在查封、扣押的涉案财物中，像水果、蔬菜、鲜奶、肉类等属于不易保存的鲜活物品，如果不及时处理，可能会腐烂变质。其他有保质期的食品、药品，由于案件周期较长，等法院作出判决后再处理可能会超出有效期，对于这类物品可以固定证据后先行处置以实现保值。

（4）动植物活体。在盗窃、非法狩猎、走私珍稀动物和走私珍稀植物等案件中可能会扣押动植物活体，一般呈大批量或属于稀有物种。如果涉案财物管理中心负责饲养动物，将耗费大量的人力和物力，一些国家级保护动物更需要特殊的照顾。对于植物活体，如果不尽快种植可能会死掉，例如，我们在调研时了解到，一次办案单位扣押了几株海棠树，为了不让树死掉，最后只能在同事的农村家里找了一块水田栽下去。但植物的种植与自然环境、光照、水源等因素关系密切，大多数情况下，涉案财物扣押地的地理环境并不适宜种植这些植物活体。因此，对于扣押的动植物活体应当及时处置，以实现保值。

2.增值的范围

（1）土地和房产。2018年之前，土地和房屋价格一直居高不下，公安司法机关在办案过程中查封的土地、房产，即使等法院作出判决后再处置也不会造成财产价值缩水。即使房价有小幅度波动，人们觉得土地价格不变，房价不会下降。然而，2019年前5个月，全国土地面积成交量同比减少。房产和土地也会随市场规律呈现波动。为了实现涉案土地和房产的增值，可以对其进行出租，或者在价格上升期出让或出售。

（2）债券、股票、基金份额等理财产品。债券、股票、基金份额受政策、资金、经济周期、经营状况等影响，市场价格波动大。如果在价格上升的过程中不及时处置，之后价格可能会一落千丈。

（3）名贵字画。经济犯罪案件、贪污受贿案件等案件中往往会扣押许多名贵字画，名贵字画对保存环境要求较高，如果扣押期限较长，一旦吸附灰尘使得纸张酸化、不注意通风产生霉斑或潮湿，会造成字画一文不值。如果能够及时拍卖，可以实现名贵字画的增值。

（4）黄金及贵金属。以黄金为代表的贵金属具有货币和商品的双重属性，其价格容易受国际经济、美元、国际货币政策、原油价格、股市行情、金融危机等因素的影响而产生波动，因此被查封、扣押的黄金等贵金属如果处于增值期，应当及时处置。

（三）刑事涉案财物保值增值的必要性

1.诉讼周期长，涉案财物易贬值

在刑事诉讼中，大多数案件会完整地经历侦查、审查起诉、一审、二审和执行等阶段，特别是近些年发案率较高的传销、黑社会组织犯罪、集资诈骗、非法吸收公众存款等案件，更是案情复杂，诉讼周期长。以集资诈骗案为例，我们于2019年4月1日登录中国裁判文书网，按照全文检索“集资诈骗”、案件类型“刑事案件”、文书类型“全部”、审判程序“二审”、裁判年份“2019”的搜索条件共下载了31份判决书和裁定书，其中排除4份案由为非法吸收公众存款的判决书和裁定书、1份无被追诉人拘留时间的裁定书，剩余26份都是涉及集资诈骗的判决书和裁定书。我们整理了这26份判决书和裁定书中被追诉人从拘留到二审裁判结束的诉讼期间，发现所有案件的诉讼期间都在1年以上，其中19个案件的诉讼期间在1—2年、5个案件的诉讼期间在2—3年、1个案件的诉讼期间在3—4年，还有一个时间最长的“黄某明集资诈骗案”，从当事人2014年被拘留到2019年二审，诉讼期间长达5年。

这些复杂案件不仅诉讼周期长，涉案财物数量也十分巨大、种类庞杂。司法实践中，除权属明确和易腐烂的物品外，公安司法机关为了避免不必要的争议和麻烦，一般对采取强制性措施的涉案财物“一扣到底”，

最终根据法院的判决进行实体性处置。在这些涉案财物中，有的财物只需妥善保管即可，2年、3年，甚至5年、10年，财物价值也不会有大幅度浮动；有的财物则不然，即使妥善保管也必然面临贬值。

2.保护私有合法财产权益

对涉案财物采取强制处分，不仅容易侵犯被追诉人、被害人和其他利害关系人的财产权，也容易对企业的生产经营活动造成不同程度的影响。[①]有学者曾针对公安机关采取强制性措施的方式对办案民警进行问卷调查，在162份问卷中，有104份选择为防止犯罪嫌疑人转移财产，采取先查封、扣押、冻结再排除的方式，即侦查前期对犯罪嫌疑人及其配偶的财产查扣、冻结，如果部分财产有证据证明属于合法财产，再予以解除。[②]有的办案机关甚至将可能与犯罪相关的利害关系人的财产一律采取强制性措施。例如，某公安分局在侦办非法利用信息网络案时，冻结了涉嫌案件的1.4万张银行卡。[③]公安机关对财产选择无区别的查封、扣押、冻结，不排除执法裁量不合乎比例的嫌疑，但大部分案件是由于合法财产和非法所得不易区分。在这种情况下，为维护当事人及利害关系人合法权益，将被查封、扣押、冻结的财产进行保值增值十分必要。

就被害人而言，他们最关心的是被犯罪行为侵害的财产能够尽快返还，财产损失能够及时地、最大限度地挽回。[④]正如法经济学家所言，人

① 参见陈瑞华：《论侦查中心主义》，载《政法论坛》2017年第2期。

② 参见向燕：《刑事涉案财物处置的实证考察》，载《江苏行政学院学报》2015年第6期。

③ 参见刘瑞芬：《南昌侦破一起非法经营地下钱庄案 冻结1.4万张涉案银行卡》，http://nc.jxnews.com.cn/system/2018/07/02/016991758.shtml，2019年7月3日访问。

④ 参见李玉华：《从涉众型经济犯罪看涉案财物的先期处置》，载《当代法学》2019年第2期。

们更愿得到多一些，而不是少一些。如果我有3和2的选项，我情愿要3。但如果我有一个价值4的机会，该怎么选？我会要这个4，因为我想多要而不是少要。如果还有个价值5的机会，我怎么办？选择这个5。就这样继续下去，直到把我的效用最大化为止。[①]犯罪行为已经使被害人财产遭受损失，案件进入诉讼程序后，不仅要尽可能向办案机关提供更多能够证明犯罪事实的证据，还要配合办案机关调查取证等，案件的发生已然影响了正常的工作、生活。从成本—收益角度来看，即使通过司法程序能够使全部财产损失得以追回，其与诉讼成本相比仍然是亏损的。如果被害人被侵害的财产或者犯罪嫌疑人、被告人的财产在涉案财物管理中心保管期间贬值，如一辆被扣押的豪车，扣押时市价为300万元，经过一年的时间，评估价变成了200万元，间接导致了能够弥补被害人损失的财产减少。特别是在被害人人数众多的非法吸收公众存款案、集资诈骗案中，折损的100万元能够使更多的被害人获得赔偿，财产贬值同样损害了被害人的合法权益。同样，对于利害关系人而言，被实施强制性处分的涉案财物涉及权属争议，只有实现保值增值，才能保证相关财产的价值。

就企业而言，企业的目标是谋求利益最大化。[②]如果企业或企业法定代表人涉嫌犯罪，公安司法机关将不易区分是否应对涉案的企业财产、企业法人财产和家庭成员财产采取强制性措施，尤其是企业的公章、账册、办公场所、正在投入运营的设备、资金、技术资料等，这将严重影响企业的正常经营，一旦企业经营状态停滞，企业资产则实质处于贬损状态，进

---

① 参见［美］理查德·波斯纳：《超越法律》，苏力译，北京大学出版社2016年版，第387页。

② James J · Brummer. Corporate Responsibility and legitimacy［M］. New York：Greenwood Press，1991，p.19. 参见周勇：《论责任、企业责任与企业社会责任》，载《武汉科技大学学报（社会科学版）》2003年第4期；卢代富：《国外企业社会责任界说述评》，载《现代法学》2001年第3期。

而损害企业和股东的合法利益。[①]譬如，四川德阳西部国际公司破产案中，公司在合法正常经营的情况下，因公司股东间纠纷，公司遇到暂时的资金困难，公安机关和检察院以挪用资金罪和骗取贷款罪逮捕了法定代表人杨某锡，并违法查封了企业数十亿元资产，后来检察院对杨某锡作出不起诉决定，但查封导致企业资金链断裂，多栋大楼至今烂尾。[②]

3. 维护社会公共利益

根据企业社会责任理论，企业作为社会角色的扮演者，在发展过程中必然与外部社会产生联系，承担着对投资者、政府、供应商、员工等利益相关者的社会责任。[③]如果企业能够依靠自律主动承担责任，不仅企业自身能够获得经济利益，对维护社会稳定和实现社会公共利益也是有益的。

然而，大量事例表明，不少企业在发展过程中过分追求自身利益最大化而忽视了社会责任，有些行为甚至触犯刑事法律。例如，企业偷税漏税、虚开增值税发票损害政府利益，非法吸收公众存款、集资诈骗损害投资者利益，合同诈骗、拖欠货款损害供应商利益，拖欠员工工资损害员工利益等。在现有法律制度下，一旦企业或企业法定代表人被公安机关立案侦查，财产被查封、扣押、冻结，企业将停止一切生产经营活动，资产贬值，债务无法偿还。刑事扣押不仅打破了原有的经济生态链，而且十分容易将利

---

① 参见柯明：《刑事诉讼视野下民营企业家犯罪涉案财物的处置》，载《河北法学》2017年第12期。

② 参见田红卫：《四川德阳：价值几十亿元的重点招商项目缘何破产？》，http://dy.163.com/v2/article/detail/DHPMOBL60514E5N5.html，2019年5月16日访问。

③ 参见张兆国、梁志钢、尹开国：《利益相关者视角下企业社会责任问题》，载《中国软科学》2012年第2期。

益相关者与企业的矛盾转嫁到政府和公安司法机关，增加社会治安隐患，影响社会稳定。因此，办案机关在法律允许的范围内，应选择对当事人权益损害最小、利益最大的方式处理案件，将企业法人代表涉嫌犯罪与企业犯罪、合法财产与非法财产、涉案财产与非涉案财产相区分，必要情况下将企业托管，保证企业的动态经营，确保责令退赔、没收或返还财产的最大化，维护企业利益和社会公共利益，保障社会稳定。

（四）涉案财物保值增值的新探索

据了解，目前司法实践中主要有三种涉案财物管理模式，即各自保管模式、公安代管模式和公安主导下的跨部门管理模式。各自保管是指受诉讼阶段理论的影响，公检法三机关分别在本部门内建立涉案财物管理内设机构和保管场所，负责各自诉讼阶段的涉案财物管理工作。公安代管是指整个刑事诉讼阶段的涉案财物都由公安机关代为集中管理，目前大部分已经建成或在建的涉案财物管理中心都属于这一模式。公安主导下的跨部门管理模式是指政法委牵头、公安机关主导、公检法共同参与的跨部门涉案财物管理模式，例如深圳宝安、四川成都和浙江诸暨都属于这一模式。这三种模式体现了不同时期涉案财物管理的渐进式变革与发展，但它们都没有跳出公检法三机关自我办案、自我管理的范畴。特别是在保值增值方面，独立、统一涉案财物管理模式与之相比更具优势。

1. 中立性

在我国当前司法体制下，刑事诉讼中对物采取强制性措施尚未建立司法审查制度，侦查机关自我决定、自我执行，这种对物处分的决定权和执行权可能产生侵犯当事人的财产权的情况。在此种状况短期内不可能改变的情况下，从利益无涉的角度出发，公安司法机关作为办案机关对物采取强制性措施时应当遵循扣押和保管相分离原则，将涉案财物交由独立、统一的涉案财物管理中心保管。其不从属于任何办案机关，有利于在保管、保值增值等与涉案财物相关的诉讼程序中保持中立。

此外，上文提到涉案财物的保值是指涉案财物的日常维护和对易腐烂、贬值等物品的先期处置，增值则是指对涉案财物的经营和托管，包括对企业的托管。若要实现保值增值，保管机关必然需要同第三方签订买卖合同、托管合同、维修保养合同等一系列民商事合同。如果公检法三机关作为保管机关在合同履行过程中与第三方发生纠纷，或者当事人对相关合同的公平、公正产生怀疑，极易损害公安司法机关的司法公信力。尤其是作为裁判机关的人民法院，一旦同其他民商事主体发生纠纷，可能出现既当运动员又当裁判员的局面。另外，有些涉案财物的保值需要向第三人主张权利，也不可能由法院自己向法院起诉。而且一旦利害关系第三人对法院保管的财物提出异议，法院也不可能既是当事人又作为裁判者。①这些都违反了正当程序原则。而独立、统一的涉案财物管理中心作为中立的保管机关不存在上述顾虑，即使因为保管、保值增值等与第三方发生民事纠纷，也仅与财物保管事项相关，不会涉及司法公信力和违反正当程序等问题。

2.专业性

近几年，公安司法机关受理有涉案财物的案件逐年增多。以上海市J区为例，“2015年至2017年，J公安分局受理有涉案财物的案件共8722件，其中2015年受理有涉案财物的案件为2585件，2016年受理有涉案财物的案件为2604件，同比上升0.7%；2017年受理有涉案财物的案件为3533件，

① 参见吴光升：《刑事涉案财物处理程序研究》，法律出版社2018年版，第140页。

同比上升35.7%”[①]。涉案财物数量增多、种类繁杂，给日常维护、处置和托管等工作带来一定难度。目前司法实践中运行的三种保管模式都是公安司法机关自体循环模式，当前公检法三机关案多人少的矛盾十分突出，以北京市的法院为例，“2018年，全市法院新收案件895224件，同比上升16.3%，结案893570件，同比上升15.4%。全市法官人均结案357.1件”[②]。在这种情况下，办案人员能够将侦、诉、审工作完成好已实属不易，无暇抽出更多的时间和人员负责涉案财物保管、保值增值等一系列工作，这也是当前涉案财物保管混乱、物证丢失、处置随意、效率低下，廉政风险等问题层出不穷的直接原因。[③]涉案财物日常维护、处置、托管等工作的复杂性决定其必须由专门机关管理，即由跨部门的涉案财物管理中心管理。

在保管硬件方面，涉案财物管理中心可以根据物品的不同特性，建立符合防火、防潮、防尘等要求的保管仓库，还可以配备保险箱、防磁柜等，保证涉案财物的日常维护。在人员配备方面，管理中心可以根据需要保值的财物类型的不同，聘请相关的具有专业知识的人员负责。例如，对于汽车、机器设备等，管理中心可以聘请专业的人员对汽车、机器设备进行评估，根据被采取强制处分时间的长短，决定是否需要保值。对于股票、债券等理财产品，可以聘请专业的金融人士，专职负责关注股票、债券、基金的价格走势，一旦时机成熟，可以将其抛售，并将所得价款存入相应的银行账户。特别是对于兼具证据和财产双重属性的涉案财物，应当明确

---

① 梁春程:《涉案财物跨部门统一管理的理论与实践——以上海市J区公检法涉案财物共管平台为样本》，载《河南财经政法大学学报》2019年第2期。

② 张宇:《北京法院去年新收案件89.5万件，法官人均结案数居全国首位》，https://baijiahao.baidu.com/s? id=1622976697472442333&wfr=spider&for=pc，2019年7月10日访问。

③ 参见何成军、王明东:《刑事案件涉案财物保管若干问题研究——以委托第三方机构保管为视角》，载《人民法治》2018年第23期。

证据优先原则。但是对于易腐烂变质或贬值的财产，也不应过分强调证据属性而忽略其财产属性，财产的贬值和变质也会伴有物的性质的改变，[①]改变后的物与最初扣押时的物已截然不同，也失去了其作为证据的意义。对于此类财物，应当通过拍照、录像等方式将证据固定后先行处置。保管人员保管时应当符合“鉴真”和“保管链制度”的要求，必要时可以就保管和处置情况出庭作证。

3.“1+X”管理模式有利于实现保值增值

我们通过考察域内外法律发现，目前涉案财物管理模式主要包括三种：

（1）依附+自我管理型。是指行政机关兼顾涉案财物管理且几乎不借助第三方力量的管理方式。我国目前是这一模式，上文已提到这种模式有诸多弊端且不利于财产的保值增值。

（2）依附+社会管理型。是指涉案财物管理依附某一现有的行政机关，其管理过程会借助社会第三方力量进行管理的方式。美国司法部下设的法警局（U.S.Marshals Service，USMS）和澳大利亚破产和信托服务局（Insolvency and Trustee Service Australia，ITSA）采用这一模式。[②]这一模式的弊端在于某行政机关的主要职责并非管理涉案财物，“兼职工作”难以对涉案财物形成有效管理。如果该机关在涉案财物管理过程中与第三方发生纠纷，会影响该行政机关整体工作的公信力。有学者也对委托第三方管理的托管模式提出质疑：第一，许多刑事涉案财物具有证据属性，涉及办案秘密，社会机构介入存在泄密的风险。第二，涉案财物脱离了公安司

---

① 参见田力男：《刑事涉案财物保管与处置新制研究》，载《法学杂志》2018年第8期。

② 参见赵勤娟：《被扣押财产托管制度探析》，载《山西师范大学学报（社会科学版）》2018年第5期。

法机关的管控，存在安全风险。第三，被托管第三方是否具有保管资格，是否能够尽职完成涉案财物的保管或保值增值工作等，如果没有规范的资质评定体系，被托管第三方同样存在不当管理之虞。第四，严格意义上说，托管是一种民事法律关系，托管方与被托管方需要就托管签订合同，一旦涉案财物在托管期间出现损毁、灭失等情形，需要有比较完善的赔偿机制才能保障财物所有人的合法权益。①

（3）独立+社会管理型。是指相对于办案机关具有独立性、专门从事涉案财物管理的机关，在特定条件下允许其同第三方签订托管协议，借助第三方力量进行管理的方式。例如，加拿大的被扣押财产管理局可以就与指定刑事犯罪有关的被扣押或受限制财产，向执法机构提供咨询和管理服务；法院宣布没收时处置被扣押的财产；分享出售被扣押资产的收益；以成本回收为基础，向任何联邦机构、部门或国有企业提供被扣押的财产管理和安全存储服务。特殊情况下诸如建筑物、房屋和土地等不动产，会通过加拿大公共服务与采购部（PSPC）的不动产服务或私营不动产经纪公司进行处置。②这一模式的优点在于专业的保管机关有利于涉案财物的保护，与第三方合作有利于实现对特殊财物的保护，这种模式也存在上文提到的涉密、被托管第三方保管资格等问题，但是通过保管机关对于涉案财物涉密级别的划分、严格对社会第三方托管机构的评估等可以避免。

相较于其他两种模式，我们更倾向于采用第三种模式对涉案财物进行管理。独立、统一涉案财物管理中心所采用的“1+X”模式类似于“独立+社会管理型”模式。“1+X”模式是指大部分被采取强制措施的涉案财物，

---

① 参见葛琳：《刑事涉案财物管理制度改革》，载《国家检察官学院学报》2016年第6期。

② “Government of Canada’ Seized Property Management Directorate”，https：//www.tpsgc-pwgsc.gc.ca/app-acq/gbs-spm/index-eng.html#s2，2019年7月12日访问。

即常规物品由独立、统一的涉案财物管理中心直接管理，即“1”。特殊物品如易燃、易爆、剧毒、放射等危险品，天然气和石油，动植物活体，毒品和制毒原料等由涉案财物管理中心交专门机关保管和处理，需要拍卖、托管的涉案财物（包括企业）可以通过签订合同的方式交社会第三方管理，即“X”。“X”的方式有许多种，只要在涉案财物管理中心内无法妥善保管的、需要借助第三方力量的都属于“X”的范畴。与单一、非专业模式相比，这种专业、多样的模式更有利于实现对涉案财物的保护。

（五）涉案财物保值增值的实现路径

1.保值增值的“物”的条件

（1）财产必须以某种方式与案件相联系[①]，即保值增值的财产必须应当与案件相关，如果被扣财产属于与案件无关的第三人，应当立即返还。对于与犯罪有关联但又存在权属争议的财产，也可以进行保值增值，防止因财产贬值而损害相对人的可期待利益。此外，保值和增值都会涉及先期处置，如果无任何权属争议，可以立即处置，并将所得价款存入相应的银行账户；如果存在权属争议，在采取处置措施之前应当征得各争议方的同意，防止涉案财物管理中心陷入被动局面。

（2）兼具证据和财产属性的财产要确保其证据属性不受影响。证据优先性要求涉案财物必须首先满足其作为证据的要求，采取保值增值措施意味着某些财产可能会面临先期处置。涉案财物具有证据和财产双重属性，如果案件事实尚未查清，不能确定涉案财物是否可以作为证据使用而盲目

---

① Stefan D. Cassella, *Criminal Forfeiture Procedure: An Analysis of Developments in the Law regarding the Inclusion of a Forfeiture Judgment in the Sentence Imposed in a Criminal Case*, 32 AM. J. CRIM. L. 55（2004）.

处置，极易造成证据灭失，影响诉讼进程。因此，一般情况下只有在犯罪事实查清后才能以处置方式进行保值增值。但是如果涉案财物属于易变质或有保质期的食品、药品等，即使办案机关不处置，随着时间的推移，涉案财物的性质也会发生改变，不能作为证据使用。对于这类证据可以通过拍照或录像等方式保全证据，并将变现后的银行凭条附卷。

2.保值增值的启动

（1）保值增值的启动时间

保值一般在法院作出最终裁判前实施，保值主要针对诉讼周期长，不易储存、易腐烂变质的物品，通过诉前处置防止财产灭失或贬值，保全财产价值。其关键在于及时性，如果等法院最终裁决作出则财产已贬值，可以根据裁决进行终局处置，保值也就毫无意义。增值一般在执行前，对于市场价格波动较大的财产，在价格走势较高的时候进行。如果裁决已生效，根据《最高人民法院关于适用〈中华人民共和国刑事诉讼法〉的解释》第447条规定，随案移送的或者人民法院查封、扣押的财物及其孳息，由第一审人民法院在判决生效后负责处理。实物未随案移送、由扣押机关保管的，人民法院应当在判决生效后十日内，将判决书、裁定书送达扣押机关，并告知其在一个月以内将执行回单送回。此时涉案财物应当尽快处置，无论财产是否需要增值。但企业则不同，如果查封的企业需要涉案财物管理中心接管，企业的经营是持续性的，无论审前还是审后，只要没有找到合适的途径处理，无论是涉案财物管理中心还是其委托的接管人，都应继续维持企业的日常经营。

（2）保值增值的启动主体

第一，权利人申请。在侦查、起诉、审判的每一个诉讼阶段，办案人员均有义务及时书面告知权利人（犯罪嫌疑人、被告人、被害人等）其有权对涉案财物提出保值增值的申请。[①]权利人认为财产需要保值增值的，应在接到通知后2日内向办案机关提出书面申请，对于被限制人身自由的犯罪嫌疑人、被告人，可以向看守所提交申请，看守所应立即转交办案机关。办案机关在收到申请后3日内提交法院，由法院作出是否予以保值增值的裁定。

第二，涉案财物管理中心建议。涉案财物被查封、扣押后一般由涉案财物管理中心保管，办案人员和权利人不直接接触涉案财物，不了解涉案财物的现状，无法判断财物是否需要保值增值。而涉案财物管理中心的保管人员对财物进行日常的保管和维护，他们可以发现哪些食品、药品将要超出保质期，哪些股票、债券即将到期等，哪些财物的价格目前处于上升期等。因此，涉案财物管理中心可以就某个案件的涉案财物需要保值增值向办案机关提出建议，如果该财物存在权利人，则由办案机关通知权利人，如果该财物属于追缴的涉案财物，则由办案机关直接提交法院裁定即可。

第三，利害关系人申请。除权利人之外，如果案外第三人认为与涉案财物有利害关系的，也可以向办案机关申请保值增值，由法院作出裁定。但是，如果有多个利害关系人，则该涉案财物可能存在权属争议，应征得所有利害关系人的同意。

（3）保值增值的决定主体

涉案财物的保值增值，一般会对涉案财产作出先期处置，由作为追诉机关的侦查机关或检察院负责，容易产生争议。因此，由中立的法院对是否可以保值增值作出裁定更有公信力。

3.保值增值的流程

首先，一般情况下，经权利人申请、涉案财物管理中心建议或利害关

① 参见李玉华：《从涉众型经济犯罪案件看涉案财物的先期处置》，载《当代法学》2019年第2期。

系人申请保值增值，均由办案机关将申请提交给法院，申请中应当详细列明案件名称、财产属性、理由、双重属性（证据属性和财产属性）的财产是否已做好证据保全措施，由法院作出是否予以保值增值的裁定。但是，如果办案机关不同意保值增值，没有将申请提交给法院，则权利人可以自行向法院申请，办案机关应当说明不同意申请的理由，并由法院作出裁定。

其次，保值后所得的价款应打入办案机关指定的银行账户，并将保值的过程、银行转账记录在案，待案件判决后返还给真正的权利人。相对于保值而言，增值的过程比较复杂，特别是对于企业的经营，涉案财物管理中心根据办案机关提供的企业的涉案程度，决定是由企业内部未涉案的人员管理还是实施社会托管，具体过程应有详细的说明。如果采取社会托管的方式，应向全社会公开招标，选择最适合的托管人管理该企业。托管人应当尽到管理义务，定期向涉案财物管理中心提交财物报表和管理情况汇报，一旦托管人无法尽到有效管理的责任，应当终止合同，重新招标，更换托管人。

再次，如果案件已经侦查完毕，需要对涉案财物保值增值，但是同案犯尚未归案，保值增值的过程可能会泄露侦查情况，或者需要保值增值的财物具有证据属性，应当权衡后再作决定，防止影响案件的诉讼进程。

最后，法院对案件审理时，如果保值增值实现了财产的保全，被害人或利害关系人的损失得到偿还，特别是在涉众型经济犯罪中，保值增值使得更多的人挽回经济损失，可以作为被告人量刑的参考。

4.救济

涉案财物的保值增值涉及的财产的实体性处置，应当赋予权利人相应的救济途径，具体包括：涉案财物的权利人对法院裁定有异议的，可以在3日内向上一级法院提起上诉，上级法院收到上诉后7日内作出裁定；涉案财物权利人认为涉案财物管理中心在实际执行的过程中不尽职，造成财物的损失，或托管人没有履行托管义务，都可以向检察机关的检查监督部门申诉。检察监督部门接到申诉后应当进行调查并在7日之内给予答复；应保值增值而没有保值增值或保值增值反而造成财产权损害的，权利人有权申请国家赔偿。①

三、协助处置

（一）协助处置的概念

协助处置是指独立统一的涉案财物管理中心根据有权机关的处置决定，负责涉案财物的具体处置工作。协助处置不同于执行。执行指人民法院、人民检察院、公安机关及其他执行机关将已经发生法律效力的判决、裁定所确定的内容依法付诸实施的诉讼活动。②执行的内容大致分为两类，即人身和财产，本章所讲的协助处置仅针对涉案财物管理中心管理的涉案财物，包括对民事、刑事和行政案件中的涉案财物进行处置。需要强调的是，涉案财物管理中心没有对涉案财物处置的决定权，仅能根据有关机关的决定辅助实施。

（二）协助处置的必要性和合理性

1. 涉案财物处置主体多元化

目前，我国涉案财物有多个处置主体，处置主体之间权力交叉，没有

---

① 参见李玉华：《从涉众型经济犯罪案件看涉案财物的先期处置》，载《当代法学》2019年第2期。

② 参见陈光中主编：《刑事诉讼法》，北京大学出版社、高等教育出版社2016年版，第409页；林钰雄：《刑事诉讼法（下册）》，新学林出版股份有限公司2017年版，第581页。

明确的权限划分，每个主体都有不同程度的处置权。

我国《刑事诉讼法》第245条规定："公安机关、人民检察院和人民法院对查封、扣押、冻结的犯罪嫌疑人、被告人的财物及其孳息，应当妥善保管，以供核查，并制作清单，随案移送。任何单位和个人不得挪用或者自行处理。对被害人的合法财产，应当及时返还。对违禁品或者不宜长期保存的物品，应当依照国家有关规定处理。对作为证据使用的实物应当随案移送，对不宜移送的，应当将其清单、照片或者其他证明文件随案移送。人民法院作出的判决，应当对查封、扣押、冻结的财物及其孳息作出处理。人民法院作出的判决生效以后，有关机关应当根据判决对查封、扣押、冻结的财物及其孳息进行处理……"其中有关机关是指涉案财物的实际控制机关，意味着刑事涉案财物的处置主体包括公安机关、国家安全机关、检察机关和人民法院等。

此外，在行政管理案件中，《治安管理处罚法》第11条规定："办理治安案件所查获的毒品、淫秽物品等违禁品，赌具、赌资，吸食、注射毒品的用具以及直接用于实施违反治安管理行为的本人所有的工具，应当收缴，按照规定处理。违反治安管理所得的财物，追缴退还被侵害人；没有被侵害人的，登记造册，公开拍卖或者按照国家有关规定处理，所得款项上缴国库。"《行政处罚法》第74条第1款规定："除依法应当予以销毁的物品外，依法没收的非法财物必须按照国家规定公开拍卖或者按照国家有关规定处理。"根据这一规定，公安机关负责治安管理处罚案件中涉案财物的处置，其他行政机关负责各自管理案件的涉案财物处置。因此，公安机关、国家安全机关、检察机关、人民法院及其他行政机关都是涉案财物的处置机关。

处置主体的多元化导致每个主体的处置权限不同，司法实践中对涉案财物的处置权限划分遵循"谁控制，谁处置"的原则，虽然《刑事诉讼法》规定了随案移送，但实际只有部分案件做到了随案移送，有些案件是部分移送甚至没有移送。当前法院仅对随案移送的部分财产进行处置，这会导致同案涉案财物不同主体处置，每个主体各行其是，缺乏统一的标准和行为规范，造成同案涉案财物不同的处置结果，同时也给当事人、利害关系人寻求权利救济带来不便。[①]如果涉案财物由涉案财物管理中心统一管理，那么涉案财物管理中心可以根据相关机关的决定直接处置涉案财物，省去许多中间环节，也有利于同案涉案财物有相同的处置结果，可以更加公平、高效、便捷地处置涉案财物。

2.法院“内分”执行模式不利于涉案财物处置

目前，我国法院系统的执行模式主要是“内分”模式和执行承办人制度。“内分”模式即法院内部实行执行实施与裁决的分离。执行承办人制度是指，执行案件立案以后，由特定的执行人员对案件负责到底，包括查询、送达、强制执行等。这种一包到底的模式有利于实现执行人员责任制，出现问题责任到人，防止执行人员之间互相扯皮，提高司法效率。但是权力的过分集中容易滋生司法腐败，目前，“执行难”的问题十分突出，集中表现在执行财产难寻、被执行人难找、应执行财产难动等，[②]执行人员的能力、愿望和努力程度与执行效果息息相关，当事人为了提高执行人员的积极性，尽快获得执行，可能会贿赂执行人员。[③]此外，全国执行案件的数量在逐年增加。如图2-2所示，我们统计了2011—2017年全国法院执行案件的收案和结案情况。2011年全国法院执行案件收案2359025件、结案2393588件，2017年收案6607393件、结案6483544件，2011—2017年全国法院执行案件收案和结案增幅分别约为180%和171%。在当前的执行模式

① 参见乔宇：《刑事涉案财物处置程序》，中国法制出版社2018年版，第273-276页。

② 参见谷佳杰：《中国民事执行年度观察报告（2017）》，载《当代法学》2018年第5期。

③ 参见王亚明：《分段集约执行的问题及破解》，载《人民司法》2015年第5期。

下，执行案件数量的增加会加重执行人员的工作负担，一个人在有限的时间内不可能完成所有的任务，执行人员为了完成更多的任务，会先执行比较容易的案件，复杂的案件则消极执行、拖延执行。在人均办案量高达百件的情况下，很难用明确的标准衡量执行人员是否对工作恪尽职守。①此外，"执行难""执行乱"直接导致执行案件的群众满意度较低，有学者曾对S省A市的五个县区法院进行实证考察，有1271位受访者对当前法院审判工作的整体印象为"一般"以上（包括"一般""好""非常好"），占受访群体的68.81%。而相同受访者对当前执行工作整体印象为"一般"以上的仅为347人，仅占受访群体的18.79%。显著低于审判工作的满意度。②

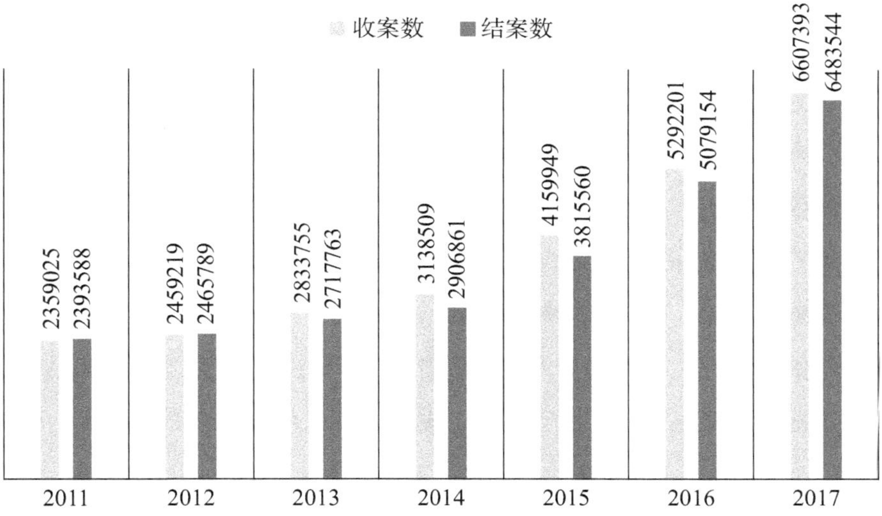

图2-2　2011—2017年全国法院执行案件收案、结案情况③

① 参见陈杭平：《比较法视野下执行权配置模式研究——以解决"执行难"问题为中心》，载《法学家》2018年第2期。

② 参见田源：《审判权与执行权分离改革的模式选择：基于实证与类型化研究》，载《中山大学法律评论》第14卷第4辑。

③ 数据来源于2012-2018年《中国法律年鉴》。

《中共中央关于全面推进依法治国若干重大问题的决定》中提出完善司法体制，推动实行审判权和执行权相分离的体制改革试点。显然，“内分”模式暴露出的种种问题，已经不能满足当前执行工作和司法体制改革的需要。因此，有学者提出“深化内分、适当外分”的模式，即在深化内分的同时，将执行工作的一部分交由法院之外的其他部门来做。[①]我们对此表示赞同。目前我国并不适合“外分”模式[②]，一方面，执行程序涉及当事人的变更、追加，被执行人或案外第三人的权利救济，中止、暂缓、终结执行等异常现象的处理，执行标的物上共存权利的处分及价款分配，对妨碍执行行为的制裁等，执行权彻底从法院分离出来暂无可能。[③]另一方面，审判与执行的分离可能导致审判人员在审判过程中忽视裁判结果执行的可操作性，使得执行更加困难。[④]此外，我们通过对域外执行模式的考察，认为我国法院可以在构建“深化内分、适当外分”模式时部分借鉴德国的“内外分权”模式。所谓“内外分权”模式是指德国参照法国确立执达官制度，执达官属于国家公务员，附设于地区法院，负责在金钱判决执行中动产及有价证券的扣押拍卖，非金钱判决执行中动产及不动产的交付、房屋腾退等。而对于金钱判决执行中不动产的扣押拍卖、对债务人债权（如银行账户）及其他财产权利的扣押等仍由执行法院管辖。[⑤]也就是说，我国的“深化内分、适当外分”模式，可以将部分涉案财物（由涉案

---

① 参见江必新、刘贵祥：《审判权和执行权相分离的最优模式》，载《法制日报》2016年2月3日第12版。

② “外分”模式是指，执行权从法院彻底分离归行政机关行使。

③ 参见陈杭平：《比较法视野下执行权配置模式研究——以解决“执行难”问题为中心》，载《法学家》2018年第2期。

④ 参见岳彩领：《论强制执行审执分离模式之新构建》，载《当代法学》2016年第3期。

⑤ 参见陈杭平：《比较法视野下执行权配置模式研究——以解决“执行难”问题为中心》，载《法学家》2018年第2期。

财物管理中心管理的涉案财物）的执行辅助工作交由涉案财物管理中心负责，涉案财物管理中心不具有处置的裁决权，裁决权仍然归行政或司法机关，涉案财物管理中心仅根据有权机关出具的相关法律文书具体实施。

3.基于涉案财物与涉案财物管理中心实际关系的考虑

涉案财物管理中心相当于“物的看守所”，公检法三机关及其他行政执法机关查封、扣押、冻结的涉案财物都由涉案财物管理中心统一管理，将相关涉案财物信息录入统一的涉案财物管理信息平台。涉案财物管理从扣押到最终处置一直由涉案财物管理中心保管，涉案财物管理中心最了解涉案财物的基本情况，可以根据涉案财物的情况向办案机关建议是否需要进行先期处置等。因此，由涉案财物管理中心充当处置执行主体最为合适。

（三）协助处置的方式

1.协助拍卖

协助拍卖是指为了实现变现的需要，涉案财物管理中心依据有权机关的法律文书，通过变价程序将财物转化为现金。比如，在非法吸收公众存款或者集资诈骗案中，被追诉人用违法所得的金钱购买了大量的房产、豪车等，为了能够尽快将财产返还给受害人，可以采取拍卖的方式，将这些汽车和不动产转化为现金。司法拍卖主要包括传统的现场拍卖和网络拍卖两种方式，传统的现场拍卖即参加竞拍的人在指定的时间到指定的地点去参加拍卖。网络拍卖则是委托人通过与网络拍卖平台合作，直接将标的物通过网络展示给竞拍人，竞拍人在规定的时间段内网上竞拍的一种方式。目前常见的司法拍卖平台包括阿里拍卖、京东拍卖等。拍卖必须有两个以上买主，以竞价的方式进行，可以避免直接交易主观定价的随意性，有利于实现涉案财物的最大价值。以公开透明的方式进行，也可以防止恶意串通，给他人造成损害。

涉案财物管理中心在拍卖前应当确认标的物是可以依法进行处分的，并且有有权机关的法律文书。此外，涉案财物管理中心还应当负责协助将需要拍卖的涉案财物移送至拍卖机构。如果涉案财物最后一次拍卖未能成交，需要上缴国库的，涉案财物管理中心应当通知有关财政机关以该次拍卖保留价予以接收；有关财政机关要求继续变价的，可以进行无保留价拍卖。需要退赔被害人的，以该次拍卖保留价以物退赔；被害人不同意以物退赔的，可以进行无保留价拍卖。①

2.协助变卖

变卖与拍卖相似，但不同于拍卖，拍卖受时间、程序、形式等限制，变卖则没有。变卖一般是指被执行的财产由执行机构自己组织出卖，或者委托有关机构变卖的财产变价方式。②由于拍卖的程序严格，且公开透明，一般执行程序遵循拍卖优先原则。例如，《最高人民法院关于人民法院民事执行拍卖、变卖财产的规定》第25条第2款规定："第三次拍卖流拍且申请执行人或者其他执行债权人拒绝接受或者依法不能接受该不动产或者其他财产权抵债的，人民法院应当于第三次拍卖终结之日起七日内发出变卖公告……"因此，涉案财物管理中心在处置时，也应当遵循以拍卖为原则、变卖为例外的方式进行。为了防止出现恶意串通，对标的物进行低价处理，应当限定可变卖财产的种类。

首先，大部分涉案财物在变价时应当进行拍卖，只有在三次流拍以后，才可以发布变卖公告，但是变卖的价格参照市场价或鉴定价格，等于

---

① 参见《最高人民法院关于刑事裁判涉财产部分执行的若干规定》第12条第2款的规定。

② 参见乔宇：《刑事涉案财物处置程序》，中国法制出版社2018年版，第290页。

或不得低于市场价的20%。其次，由于拍卖的程序复杂，运行需要花费一定的时间，对易毁损、灭失、腐烂、变质而不宜长期保存的物品不宜使用，与拍卖相比，变卖的程序简单、时间短，因此，对于易变质或有保质期的食品、药品，易贬值的股票、债券，动植物活体，不宜保管的大宗货物或金银制品等，应当允许采取变卖方进行变价。最后，对于市场上有公开交易价格的标的物，可以直接依照该价格变卖；如果市场价格差别较大，应当进行物价鉴定或者咨询物价机关后再行处理。

3. 协助返还（发还/退还）

《最高人民法院关于适用〈中华人民共和国刑事诉讼法〉的解释》第438条规定："对被害人的合法财产，权属明确的，应当依法及时返还，但须经拍照、鉴定、估价，并在案卷中注明返还的理由，将原物照片、清单和被害人的领取手续附卷备查；权属不明的，应当在人民法院判决、裁定生效后，按比例返还被害人，但已获退赔的部分应予扣除。"涉案财物管理中心无权自行返还被害人或上缴国库，应当根据有权机关的决定协助执行。

因此，对于需要返（发）还被害人或善意第三人的合法财物以及退还违法犯罪嫌疑人与案件无关的财物，法院作出判决或者其他行政机关作出决定后，涉案财物管理中心根据有关机关的决定通知被害人或违法犯罪嫌疑人领取，领取人在出库清单上签字，涉案财物管理中心将纸质证明或扫描件发回作出决定的机关附卷。领取人应当是涉案财物的所有人、合法权利人或者其委托的人。委托领取的，应当提供所有人或合法权利人的委托书。

4. 协助销毁

对于没有使用价值的违禁品，价值轻微无法变卖、拍卖的物品，赌博游戏机、麻将机等大型赌博工具，经鉴定确认侵权的假冒伪劣产品，在固定和保存好证据的前提下，可以定期组织销毁，必要时可以邀请相关部门的工作人员和见证人在场。

5.协助转为公用

对于有继续使用价值的涉案财物，可以省去烦琐的拍卖、变卖程序，直接转为公用。比如，没收的枪支、弹药可以用于警察培训中的射击训练和教学；缴获的毒品可以用于公安内部的科学实验，分析当前毒品制作者在毒品制造工艺方面有哪些改进、毒品成分是否有改变，从而有利于侦破其他毒品犯罪案件；查封或扣押的办公用品、桌、椅等可以由学校、单位继续使用。有权机关决定转为公用后，涉案财物管理中心协助执行。

6.丢弃

对于确实没有证据价值和财产价值的涉案财物，不必经过复杂的拍卖、变卖程序，也无需销毁，可以决定直接丢弃，涉案财物管理中心具体执行。但是对于丢弃的涉案财物必须确认无毒无害，不能对生态环境造成破坏，如果确实没有使用价值的，但丢弃后可能对群众造成危险或损害时，不应随意丢弃，可以将其销毁。

7.协助上缴国库

对于应当返（发）还当事人或利害关系人的涉案财物和孳息而无人认领的，应当公告通知，公告期满6个月仍无人认领的，经办案机关申请，法院作出裁定，通过拍卖或者变卖进行处置，所得价款上缴同级财政。应当返（发）还而所有人不领取的涉案财物，经通知或者公告后，超过6个月无人领取的，上缴国库。办案单位通知财物所有人的，应当书面记录有关通知的情况，并附有相关通知凭证备查。无主物经公告超过6个月无人领取的，上缴国库。所有人不明的财物以及违法犯罪嫌疑人交代系以违法犯罪手段获取的财物，但无法认定为赃物的，经公告超过6个月无人领取的，应当上缴国库。上缴涉案款项的，应当将生效判决及款项清单送达市（县/区）级财政部门，将款项存入财政部门指定的账户。上缴涉案实物的，应当将生效判决及物品清单送达市级财政部门，会同财政部门指定的单位依照财物清单逐项核对无误后，办理接收财物交接手续。涉案财物上缴财政部门后，有人认领且经查证属实的，原执行部门将当事人申请和核实情况送达财政部门，财政部门办理退库返还手续。涉案财物上缴财政部门后，案外人对执行标的提出权利主张成立的，原执行部门将当事人申请和权利主张成立的生效裁判文书送达财政部门，财政部门办理退库返还手续。财政部门退库返还的，应当返还原物；原物已经处置形成收益的，应当返还价款。

（四）救济

两办《关于进一步规范刑事诉讼涉案财物处置工作的意见》第13条要求完善权利救济机制。人民法院、人民检察院、公安机关、国家安全机关以及其他行政机关应当建立有效的权利救济机制，对当事人、利害关系人提出异议、复议、申诉、投诉或者举报的，应当依法及时受理并反馈处理结果。处置程序涉及财产的实体性处置，为了更好地保护权利人的合法权益，应当赋予其相应的救济途径。具体包括：第一，赋予当事人处置异议复议权，即处置过程中，当事人、利害关系人认为涉案财物管理中心的协助行为或相关机关的处置决定违反法律规定，或者案外人对执行标的主张足以阻止执行的实体权利，可以向作出处置决定的机关提出书面异议。

当事人、利害关系人提出书面异议的，相关机关应当自收到书面异议之日起15日内审查，理由成立的，决定撤销或者改正；理由不成立的驳回。[①]第二，人民检察院检察监督。如果权利人发现处置过程中存在违法行为，可以提请人民检察院依法对涉案财物的处置活动实行监督，发现涉案财物处置活动中存在违法行为的，应当依法提出纠正意见。[②]第三，申请国家赔偿的权利。一旦处置过程中的违法行为造成权利人的财产损失，可以申请国家赔偿。

---

① 参见《最高人民法院关于刑事裁判涉财产部分执行的若干规定》第14条和《民事诉讼法》第225条。

② 参见《人民检察院刑事诉讼规则》第646条。

第三章　接收涉案财物的范围[①]

对涉案财物管理中心的接收范围进行准确的界定，是涉案财物管理中心运行的基础。本章首先对“涉案财物”概念的理论演变及实务规定进行分析，进而从证据属性和财产属性两个方面来对涉案财物的概念进行界定；其次从案件类型出发，按照实践中不同案件的类型对涉案财物管理中心的接收范围进行界定；最后从办案部门的角度出发，按照不同办案机关办案过程中所接触的涉案财物对涉案财物管理中心的接收范围进行分类阐述。

一、涉案财物的概念

（一）涉案财物概念的理论演变

从严格意义上来讲，涉案财物并不是一个具有明确法律意义和地位的专业术语，而是司法实务中常用的一个综合性概念[②]，且以往的研究往往局限于刑事法领域。《刑法》第64条规定：“犯罪分子违法所得的一切财物，应当予以追缴或者责令退赔；对被害人的合法财产，应当及时返还；违禁

① 本部分作者为杨亮。

② 乔宇：《刑事涉案财物处置程序》，中国法制出版社2018年版，第7页。

品和供犯罪所用的本人财物，应当予以没收。没收的财物和罚金，一律上缴国库，不得挪用和自行处理。”从上述规定出发，传统观点往往将涉案财物限定于进入刑事诉讼程序（至多再扩展至行政执法程序）且与案件事实有关，应当依法予以追缴、没收、责令退赔的财物，并进而认为涉案财物的范围包括违法所得、供犯罪所用的本人财物和违禁品三种。如有学者认为，涉案财物主要是指在刑事诉讼过程中，司法机关查封、扣押、冻结的与案件有关的财物及其孳息。①还有学者从保安处分的角度理解上述《刑法》规定，认为涉案财物包括违禁品、供犯罪所用的本人财物以及不应当返还被害人的违法犯罪所得。②

随着理论界对涉案财物研究的逐步深入，也有学者认为应当从广义上界定刑事涉案财物的概念，即在刑事诉讼中与犯罪事实相关的、具有财产属性并依法可以采取强制措施予以追缴的各种财物的总称，主要应当包括违禁品、犯罪工具、违法所得和具有相当经济价值的物证等四类。③还有学者认为，涉案财物主要是指公安司法机关在刑事诉讼中查封、扣押、冻结的与刑事案件有关的，依法应当予以追缴、责令退赔或者没收的财物及其孳息。④不难看出，上述观点已经从涉案财物系“违法所得、供犯罪所用的本人财物和违禁品”的传统认识中摆脱出来，强调了涉案物品的证据属性。与此同时，还有学者认为涉案财物是指在刑事诉讼中与案件处理直接相关或间接相关的具有财产属性并受法律规制的各种权利形态的总称；同样，涉案财物的范围包括作为犯罪之物、作为证据之物和作为保全之

① 孙国祥：《刑事诉讼涉案财物处理若干问题研究》，载《人民检察》2015年第9期。
② 张明楷：《论刑法中的没收》，载《法学家》2012年第3期。
③ 张伟、戴哲宇：《浅析刑事涉案财物的追缴及分配》，载《法学杂志》2017年第5期。
④ 乔宇：《刑事涉案财物处置程序》，中国法制出版社2018年版，第7页。

物。[1]显然，上述观点分别从证据属性与财产属性两个方面凸显了涉案财物的内涵、外延，不过仍然仅仅局限于刑事领域。

（二）涉案财物概念的实务规定

与理论界对于涉案财物的理解类似，实务界对于涉案财物范围的相关规定也是不断演变并逐步完善的。从公安部对涉案财物的相关规定来看，2010年《公安机关涉案财物管理若干规定》第2条称，涉案财物是指公安机关在办理行政案件和刑事案件过程中，依法以扣押、查封、冻结、扣留、调取、先行登记保存、抽样取证、追缴、收缴等方式提取或者固定的与案件有关、需要作为证据使用的物品和文件，包括违法犯罪所得及其孳息；用于实施违法犯罪行为的工具；其他可以证明违法犯罪行为发生、违法犯罪行为情节轻重的物品和文件。显然，上述对涉案财物范围的规定系公安机关基于自身工作角度作出的，分别从刑事诉讼及行政执法两个角度对于涉案财物系“违法所得、供犯罪所用的本人财物和违禁品”的传统认识进行了确认，但又有所突破，即除上述三类涉案财物之外，进一步扩展到“其他可以证明违法犯罪行为发生、违法犯罪行为情节轻重的物品和文件”这一兜底性表述。2015年两办联合下发的《关于进一步规范刑事诉讼涉案财物处置工作的意见》，强调探索建立跨部门的地方涉案财物集中管理信息平台。2015年修订的《公安机关涉案财物管理若干规定》在保留2010年《公安机关涉案财物管理若干规定》基本框架的基础上，在第2条对涉案财物在获取方式上增加了“以及从其他单位和个人接收的与案件有关的物品、文件和款项”；对涉案财物在具体内容上增加了“非法持有的

---

① 福建省厦门市中级人民法院刑二庭课题组：《刑事涉案财物处理程序问题研究》，载《法律适用》2014年第9期。

淫秽物品、毒品等违禁品”，分类更为清晰。①

与公安机关身兼刑事执法与行政执法两大工作领域不同，检察机关的工作重心集中于刑事诉讼领域，且在国家监察体制改革之前兼具职务犯罪侦查职能，因此最高人民检察院对涉案财物的相关规定仅限于刑事诉讼程序当中，并且注重强调涉案财物的财产性，使用“涉案款物”的称谓来规范涉案财物。2010年《人民检察院扣押、冻结涉案款物工作规定》第2条第1款规定，涉案款物是指人民检察院在依法行使检察职权过程中扣押、冻结的违法所得、与犯罪有关的款物、作案工具和非法持有的违禁品等。与2010年《公安机关涉案财物管理若干规定》相比，除了对违禁品专门作出规定外，检察机关更强调财产的非法性；公安机关则更为强调涉案财物的证据价值，而不论其合法与否。分析原因，这与两机关在刑事诉讼程序中所处的阶段不同有直接关系。此外，与2015年公安部对《公安机关涉案财物管理若干规定》的修订内容类似，2015年《人民检察院刑事诉讼涉案财物管理规定》亦在基本框架不变的前提下，在第2条中增加了“以及从其他办案机关接收的财物及其孳息”。②因此，综合对比2015年公安部、最高人民检察院之相关规定，二者对于涉案财物范围的规定基本相同。

相对于公安机关、检察机关，法院在审判、执行等日常工作中对涉案

---

① 公安部2015年《公安机关涉案财物管理若干规定》第2条：“本规定所称涉案财物，是指公安机关在办理刑事案件和行政案件过程中，依法采取查封、扣押、冻结、扣留、调取、先行登记保存、抽样取证、追缴、收缴等措施提取或者固定，以及从其他单位和个人接收的与案件有关的物品、文件和款项，包括：（一）违法犯罪所得及其孳息；（二）用于实施违法犯罪行为的工具；（三）非法持有的淫秽物品、毒品等违禁品；（四）其他可以证明违法犯罪行为发生、违法犯罪行为情节轻重的物品和文件。”

② 最高人民检察院2015年《人民检察院刑事诉讼涉案财物管理规定》第2条：“本规定所称人民检察院刑事诉讼涉案财物，是指人民检察院在刑事诉讼过程中查封、扣押、冻结的与案件有关的财物及其孳息以及从其他办案机关接收的财物及其孳息，包括犯罪嫌疑人的违法所得及其孳息、供犯罪所用的财物、非法持有的违禁品以及其他与案件有关的财物及其孳息。”

财物的接触面要丰富得多，涉案财物的范围除了涉及刑事诉讼领域外，还涉及包括被告人为公安机关在内的各行政单位的行政诉讼领域，也涉及处理平等主体纠纷的民事诉讼领域。也许正是由于审判、执行工作中涉案财物的认定范围广、复杂，一直以来最高人民法院并未像公安部、最高人民检察院一样出台对涉案财物的专门规定，仅在其他相关文件中一笔带过。如2006年4月《最高人民法院关于严格执行有关走私案件涉案财物处理规定的通知》中，最高人民法院第一次明确使用了“涉案财物”这一术语，从该通知的具体内容来看，该通知对涉案财物与赃款赃物是在同一概念上使用的，且性质已经明确，系属于应当追缴、没收的财物。而在2012年《最高人民法院关于适用〈中华人民共和国刑事诉讼法〉的解释》中，最高人民法院虽然也明确使用了“涉案财物”这一名词，但并未对其含义作出进一步规定。2014年《最高人民法院关于刑事裁判涉财产部分执行的若干规定》第1条第1款规定：“本规定所称刑事裁判涉财产部分的执行，是指发生法律效力的刑事裁判主文确定的下列事项的执行：（一）罚金、没收财产；（二）责令退赔；（三）处置随案移送的赃款赃物；（四）没收随案移送的供犯罪所用本人财物；（五）其他应当由人民法院执行的相关事项。”显然，最高人民法院对于涉案财物的概念并未作出明确规定，在分项列举中更为强调公安、检察机关“随案移送的”相关财物，这与审判属于侦查、公诉程序的下游程序及审判活动的被动性息息相关。在2015年发布的《最高人民法院关于全面深化人民法院改革的意见——人民法院第四个五年改革纲要（2014—2018）》中，最高人民法院强调要规范处理涉案财物的司法程序，明确人民法院处理涉案财物的标准、范围和程序，进一步规范在刑事、民事和行政诉讼中查封、扣押、冻结和处理涉案财物的司法程序，推动建立涉案财物集中管理信息平台，完善涉案财物信息公开机制，亦未对涉案财物的含义作出规定。

不难看出，与前述理论界对涉案财物的相关研究不断深化，对涉案财物范围的理解角度能够跳出“注释法学”窠臼，逐步将对涉案财物的理解锁定在财产属性和证据属性上不同，实务界对涉案财物范围的理解更为保守和务实。具体来说，“保守”体现于对涉案财物的理解基本仍旧停留在“违法所得、供犯罪所用的本人财物和违禁品”的传统认识中；而“务实”则体现为这样的范围分类具体、直观，在一定程度上有利于基层公安司法人员顺利完成涉案财物处置的日常工作。

（三）涉案财物概念的界定

综合上述理论界、实务界对涉案财物范围的理解、规定，结合2015年两办联合下发的《关于进一步规范刑事诉讼涉案财物处置工作的意见》中所强调的“探索建立跨部门的地方涉案财物集中管理信息平台”的相关规定，我们认为，至少从不同案件类型、不同办案机关看，独立统一涉案财物管理中心接收涉案财物的范围，并非“违法所得、供犯罪所用的本人财物和违禁品”这一传统的针对公检法机关办理刑事案件中的涉案财物表述能够概括。比如，从不同案件类型看，涉案财物并非局限于刑事领域，还体现在行政领域、民事诉讼领域乃至其他领域；从不同办案机关看，涉案财物也并非局限于公检法部门，还包括国家安全机关、监察机关、除公安、国家安全外有行政执法权的行政机关等。

当然，不论上述涉案财物的案件类型及办案机关多么庞杂，有关涉案财物的法律特征则是一定的。一方面，涉案财物是有专指的，不是所有财物都能称为涉案财物，涉案财物须与案件有关，包含能够证明待证事实的财物，还包含无法排除是否与待证事实相关联的财物。另一方面，涉案财物范围是丰富的，以刑事诉讼为例，按照涉案财物的不同功能分别包括查封、扣押、冻结等取证活动所涉及的物品，包括犯罪工具、违法犯罪所得和孳息以及违禁品等，这可以认为是承担证据功能的涉案财物；取保候审保证金和《刑事诉讼法》第102条规定的“人民法院在必要的时候，可以采取保全措施，查封、扣押或者冻结被告人的财产”，这可以认为是承担担保功能的涉案财物。[①]按照刑事涉案财物的所处状态来看，不仅包括已经查控在案的“可执行之物”，还包括尚未查控在案需要继续追缴或责令退赔的“待执行之物”。按照刑事涉案财物的一般形态来看，不仅包括具有财产价值的实物形态，还包括非实物形态以及对物的相关权利。

回归《刑法》第64条对于涉案财物范围的相关表述不难发现，涉案财物不仅包括“财”（具有经济价值的财产），还包括“物”（具有证据价值的物品、文件）。[②]由此可见，根据基本属性的不同，涉案财物总体上可以分为涉案物品和涉案财产。根据《辞海》解释，所谓“财物”是“金钱物品的总称”，所以涉案财物可以分为最基本的两大类：物品类涉案财物与财产类涉案财物。前者主要以外部形态证明案件事实，与定罪密切相关，需要接受辨认、核实、鉴定并在法庭上出示，属于法律意义上的典型物证，经济属性一般不强（也存在例外，如带有犯罪嫌疑人指纹的古董、珠宝等）。后者是以其自身的经济价值和数量与案件产生关联，如所有的违法所得都属于此类；此类财物一般具有较强的经济属性，在鉴定或估价后一般无需在法庭上出示；最为典型的当属涉案款，可以直接存入特定账户，由财政部门负责管理。

值得一提的是，对于物品类涉案财物与财产类涉案财物的理解与区分不能形而上学，机械地认为前者仅具有证据价值，后者仅具有财

---

① 李亮：《刑事诉讼涉案财物的救济机制》，载《国家检察官学院学报》2016年第3期。

② 李玉华：《论独立统一涉案财物管理中心的建立》，载《法制与社会发展》2016年第3期。

产价值；实际上，无论是物品类涉案财物还是财产类涉案财物，都是因为与案件有关才能称为涉案财物，从这个意义上讲，财产类涉案财物也具有证据价值，如受贿案件中被告人收受的黄金、珠宝等；反之，物品类涉案财物很多情况下也具有财产价值，如杀人案件中比较名贵的杀人刀具等。

从司法实践来看，物品类涉案财物最为常见，遍布物证、书证、视听资料及电子数据等各种证据形式。物品类涉案财物中，典型的物证有杀人案件中的枪支、匕首、菜刀，民事案件中的无主物、占有物等；典型的书证有贪污案件中的账册、单据，诬告陷害案件中的诬告陷害信件，民事案件中的借条、收据、房产证等；典型的视听资料及电子数据有存储能证明案件相关情况的录音、录像等电脑硬盘、大数据资料等。与物品类涉案财物相比，财产类涉案财物虽不如物品类涉案财物内容广泛、形式多样，但随着市场经济的不断深入发展以及反腐败斗争的持续深入，各类经济纠纷、经济犯罪和职务犯罪案件层出不穷，财产类涉案财物亦有随之逐步增多的态势。财产类涉案财物中，刑事诉讼领域有抢劫案件、盗窃案件、贪污受贿案件中的钱款及珠宝首饰等赃款、赃物等；行政诉讼及行政执法领域有各类罚款、被没收的各类财产等；民事诉讼领域有借贷款、各类保证金、被非法侵占的各类财产等。

综上所述，我们认为，涉案财物是指在刑事、行政、民事等各类案件中，与案件处理直接或间接相关的具有财产价值或证据价值的物的总称。

二、中心接收不同类型案件的涉案财物

如前所述，我国理论界与实务界对涉案财物的最初研究都是着眼于刑事诉讼领域，而随着理论与实践的不断发展，我国学者对涉案财物的研究

范围逐步由刑事领域扩展到行政领域、由公安司法机关扩展至其他行政执法机关，如周某懿对城管部门在行政执法过程中的涉案财物情况进行了研究。[①]实际上，单就公安机关来说，由于公安机关身兼刑事执法与行政执法两大职能，其在工作实践中就会遇到刑事和行政两种案件类型的涉案财物。无独有偶，各级法院除审理刑事案件外，还负责审判行政案件和民事案件，有关涉案财物则会有刑事、行政和民事三种类型。课题组认为，独立统一涉案财物管理中心的涉案财物范围，可以按照不同案件类型进行分类阐述。

（一）刑事案件的涉案财物

如前所述，对涉案财物的研究与理解，无论是理论界还是实务界都是发轫于刑事诉讼领域。特别是前述《刑法》第64条以及公安部、最高人民检察院等实务部门对涉案财物范围的相关规定，相对于民事诉讼领域、行政诉讼领域和行政执法领域等，刑事诉讼领域对于涉案财物范围的概括业已相对成熟。就整个刑事诉讼程序而言，涉案财物在种类上包括可能作为犯罪之物、证据之物和保全之物的一切财物。具体而言，刑事涉案财物不仅包括可能作为违法所得、犯罪工具和违禁品而予以没收、返还的赃款和赃物，也包括可能作为执行财产刑、退赔被害人而保全的被告人合法财物，还包括单纯作为证据使用的当事人或案外人的财物；不仅包括已经查控在案的“可执行之物”，还包括尚未查控在案需要继续追缴或责令退赔的“待执行之物”；不仅包括具有财产价值的实物形态，还包括非实物形态以及对物的相关权利。

① 周文懿：《城管综合执法涉案财物的问题研究》，载《法制博览》2017年第8期。

1.犯罪工具

犯罪工具，是指犯罪分子进行犯罪活动所用的一切器械物品。[①]理论界传统观点将犯罪工具等同于《刑法》第64条所称的“供犯罪所用的本人财物”。[②]而近年来不少学者认为,《刑法》第64条所称的“供犯罪所用的本人财物”并不等同于犯罪工具。[③]实践中通常所称的犯罪工具，包括在“供犯罪所用的本人财物”当中，“供犯罪所用的本人财物”不仅包括一般所称的犯罪工具，而且包括“组成犯罪行为之物”。[④]组成犯罪行为之物，乃日本刑法中之独特规定，系指组成符合构成要件的实行行为不可缺少的要素。在未规定有组成犯罪行为之物的国家或地区刑法中，组成犯罪行为之物可涵括在供犯罪所用之物当中，[⑤]如赌博罪中的赌资。需要说明的是，并不仅仅是供犯罪所用的财物可以成为犯罪组成物，违法所得也可以成为犯罪组成物，如盗窃罪的盗窃所得财物。

关于犯罪工具的具体界定在刑法上是一个颇有争议的问题，涉及对“供犯罪所用”和“本人财物”等的理解，中外均存在不同的观点。[⑥]由于本课题所涉及的犯罪工具是已经进入刑事诉讼中、为办案机关采取强制性措施所控制、需要由涉案财物管理中心进行保管的，因此，在涉案财物管理中涉及的犯罪工具主要是程序意义上的。涉案财物管理机构只负责管理，

---

① 高铭暄主编:《刑法学》，北京大学出版社1998年版，第115页。

② 如宁诗敏、周建新:《谈谈犯罪工具的证据作用及其认定和处理》，载《法治论丛》1993年第4期；王勇:《论刑事涉案财物处理程序——基于规范化的分析视角》，载《山东审判》2017年第5期；胡成胜、王莉:《犯罪工具没收的权属限制和量度限制》，载《人民检察》2017年第23期。

③ 如乔宇:《刑事涉案财物处置程序》，中国法制出版社2018年版，第7页；张勇、殷涛、蒋晓春:《“供犯罪所用的本人财物”之界定与处置》，载《人民检察》2008年第2期。

④ 乔宇:《刑事涉案财物处置程序》，中国法制出版社2018年版，第7页。

⑤ 李长坤:《刑事涉案财物处理制度研究》，华东政法大学2010年博士学位论文，第9页。

⑥ 参见何显兵:《论“扫黑除恶”中的没收犯罪工具》，载《东方法学》2019年第5期。

而其认定则由办案人员进行。故这里不进行刑法理论上的讨论。

2. 违禁品

关于违禁品，一般是指依照国家规定，公民不得私自留存、使用的物品，[①]如枪支、弹药、毒品和淫秽物品等。也有更为详细的阐述认为，违禁品在刑法理论上又称违禁物品或查禁品，是指国家规定不准私自制造、销售、购买、使用、持有、储存、运输的物品。我国规定为违禁物品的有武器、弹药、爆炸物品、剧毒物品、麻醉剂、放射物品等。[②]

从上述定义可知，违禁品的设定范围并不是刑法所规定的，一般是由其他法律法规来规定。刑法中规定的对违禁品予以追缴的原因在于物品本身的危险性及其与犯罪活动的关联性，如枪支弹药具有危险性，毒品具有危害性。

对违禁品的理解需要注意以下两点：一是违禁品并不局限于系犯罪行为人所有，也有不少情况下系案外人所有，此时对于相关违禁品也应当予以追缴。如犯罪行为人走私、贩卖的毒品系犯罪行为人所有，而犯罪行为人从部队盗窃的军用枪支则系案外人所有。二是违禁品在很多情形下与其他涉案财物并不能截然分开，而是涵括在供犯罪所用财物与违法所得财物之中，另有一部分虽不能认定为供犯罪所用财物与违法所得财物，但鉴于其本身所具有的危险性，刑法明确作出予以没收之规定，以避免因处分不当、重新流入社会导致新的危害。如毒品案件中犯罪行为人自行制造而尚未出售的毒品、邪教案件中犯罪行为人从上游领取的印有邪教反动标语的人民币等，均为既是违法所得又是违禁品。

---

① 王尚新：《中华人民共和国刑法解读》，中国法制出版社2011年版，第83页。

② 曾庆敏：《法学大辞书》，上海辞书出版社1998年版，第670页。

按照违禁程度的不同，违禁品可分为绝对违禁品和相对违禁品两种。绝对违禁品是指法律规定只要私人制造和持有的即为违法物品，如鸦片、海洛因等毒品，淫书、淫画等淫秽物品。由于违背法律规定，与社会主流评价相悖，因此全面禁止，一经发现，即予没收。其目的是从根本上杜绝此类物品的出现。相对违禁品是指法律规定，未经权力机关批准而私自制造或持有才能构成违法的物品。相对违禁品与行政许可关系比较紧密，这种行政许可是对部分人的解禁行为。比如，在禁放鞭炮的地方，如果发现大量烟花爆竹，它们就有可能被没收。在不同的时间和地点，违禁品的范围可能会发生变动，如枪支，对于一般公民来说为违禁品，对军警来说则为必备装备；又如吗啡，对于普通公民来说属于违禁品，而对于病人来说则属于药物。这主要是一个法律或地域性要求的结果。如在监狱等地，违禁品的范围就比通常所指的违禁品的范围更为广泛。①

3.其他可以证明犯罪行为的相关物品、文件

关于其他可以证明犯罪行为的相关物品、文件，则是对除犯罪工具、违禁品外的与案件事实相关的物品类涉案财物的统称，主要分为物证和书证两大类。前者如盗窃案件中的赃物，后者如危害国家安全案件中的情报、信件等抑或侮辱、诽谤案件中的大字报、网络截图等。

4.违法所得及其孳息

关于违法所得及其孳息，主要是指犯罪嫌疑人通过违法犯罪行为获取的财物以及其后由于获取财物增值产生的衍生所得。这里使用违法所得而

---

① 李长坤：《论违法所得及其他涉案财物的界定——兼论对没收程序司法解释第6条的理解》，载《法律适用》2017年第13期。

非犯罪所得，是因为犯罪所得属于违法所得，但违法所得未必就是犯罪所得，违法所得的范围要广一些。[①]应当说，在侦查、起诉阶段，公安司法机关扣押、冻结款物时难以局限于犯罪所得财物，而可能包括一般违法所得在内。[②]在刑法上犯罪所得是一个很有争议的概念，存在不同的观点，因此，司法实践中的认定也存在困难。[③]但是，作为涉案财物管理中心的管理对象，管理机构则无需考量。

5.其他可以证明犯罪行为的相关款项

关于其他可以证明犯罪行为的相关款项，是对除违法所得及其孳息之外的与案件事实相关的财产类涉案财物的统称。司法实践中这类涉案财物较为少见，如挪用公款案件中的用以证实犯罪行为人挪用、归还行为的特定号码的人民币等。

（二）行政案件的涉案财物范围

这里所说的行政案件包括行政执法案件和行政诉讼案件。只有部分行政执法案件能够进入行政诉讼程序，但行政执法案件和行政诉讼案件中的涉案财物，均属于涉案财物管理中心可接收和管理的范围。行政案件与刑事案件虽有差异，但行政案件与刑事案件均属于公法领域案件。在对涉案财物范围的理解上，行政案件与刑事案件在很大程度上是相通的，公安部颁布的《公安机关涉案财物管理若干规定》更是将行政案件与刑事案件一并加以规定。

---

① 孙国祥：《刑事诉讼涉案财物处理若干问题研究》，载《人民检察》2015年第9期。

② 戴长林：《刑事案件涉案财物处理程序——以违法所得特别没收程序为重点的分析》，法律出版社2014年版，第37页。

③ 参见张伟、戴哲宇：《浅析刑事涉案财物的追缴及分配》，载《法学杂志》2017年第5期；成懿萍：《“违法所得”司法适用中的疑难问题》，载《中国检察官》2019年第6期（下）。

1.行政案件中的违法工具、违禁品以及其他可以证明违法行为的相关物品、文件等。

因与前述刑事案件中的物品类涉案财物较为相似，本处不再赘述。如公安机关办理治安案件所查获的赌博工具、吸食或注射毒品用具等即为违法工具；公安机关办理治安案件所查获的毒品、淫秽物品等即为违禁品；行政机关暂扣或吊销的各种许可证、执照等则属于其他可以证明违法行为的相关物品、文件等。

2.行政案件中违法所得及其孳息、各类保证金以及其他可以证明违法行为的相关款项等。

关于违法所得及其孳息以及其他可以证明违法行为的相关款项，因与前述刑事案件中的涉案财物较为相似，本处不再赘述。如公安机关办理治安案件所查获的赌博资金、卖淫嫖娼资金，行政机关查获的违法行为人的非法买卖款项等，即属典型的违法所得及其孳息；而除此之外的相关钱款，如公安机关查获的使用假币行为人所持有的全部钱款，由于无法当场确定假币数额，一般全部扣押，此时这些钱款即属于其他可以证明违法行为的相关款项。

（三）民事诉讼案件的涉案财物

民事纠纷是指平等主体之间发生的，以民事权利义务为内容的社会纠纷；而民事诉讼是指法院、当事人和其他诉讼参与人，在审理民事案件的过程中所进行的各种诉讼活动，以及由这些活动所产生的各种诉讼关系的总和。[①]如前所述，如果说刑事诉讼、行政诉讼中的诉讼两造是“官与民”的关系，那么民事诉讼中的诉讼两造则是“民与民”的关系。由此，从办

① 江伟:《民事诉讼法》，高等教育出版社2007年版，第4页。

案机关角度看，民事诉讼案件中的涉案财物一般仅与法院有关，而与公安机关、人民检察院等联系较少（检察机关作为起诉方的公益诉讼除外，公安机关、人民检察院作为普通民事主体参与诉讼的情况除外）。相对于刑事诉讼、行政诉讼和行政执法中的涉案财物，无论是理论界还是实务界均对民事诉讼中的涉案财物关注较少。

1.民事诉讼案件中的争议物品或标的物、侵权纠纷损坏物以及民事纠纷其他相关物品、文件等

关于争议物品或标的物，一般包括民事诉讼中所有权、使用权存在争议的物品以及买卖合同、承揽合同纠纷中质量存在争议的标的物。例如，甲、乙二人系邻居，对楼道中同一辆电动自行车均主张所有权，此时该电动自行车即为争议物品或标的物。又如，甲、乙协商由甲负责为乙建造房屋，后工程竣工后乙认为该工程质量严重不合格，此时该房屋即为争议物品或标的物。

关于侵权纠纷损坏物，一般特指侵权纠纷中受到损坏的物品。例如，甲的幼子所有的名贵玩具车在路边停放期间，被乙的幼子故意打砸破坏，此时甲、乙之间的侵权纠纷中，被打砸破坏的名贵玩具车即为侵权纠纷损坏物，甲在诉讼举证时应予提供。又如，甲公司擅自使用某知名品牌标志制造相关产品，被该知名公司起诉，此时甲公司制造的相关产品即为争议物品或标的物。

关于民事纠纷其他相关物品、文件，特指除争议物品或标的物、侵权纠纷损坏物之外的物品类涉案财物。相对前两项涉案财物主要为物证而言，此项涉案财物主要表现为物证之外的书证、视听资料、电子数据等。以甲公司擅自使用某知名品牌标志制造相关产品为例，此时能够证明甲公司侵权行为发生的产品说明书、大量网页截图、视频广告等即为民事纠纷其他

相关物品、文件。

2. 民事诉讼案件中的执行标的物、认定财产无主案件中的财产以及民事纠纷其他相关钱款等

关于执行标的物，主要指一方当事人依照法院判决或调解结果，应当向对方当事人赔付、兑现的相关财产或物品，故此执行标的物不一定会以金钱形式出现，但即使以物品形式出现时也明显区分于证据属性强烈的物品类涉案财物。比如，破产案件中法院依照规定裁决破产公司遗留的大量钢筋、水泥、器械、家具等物品归对方当事人所有，此时上述物品即为执行标的物。执行标的物形式多样、内容庞杂，但均为有体物。执行标的物按照表现形式不同可以分为金钱与物品两种形式，前者如钞票，后者如珠宝首饰等；按照是否可以移动又可分为不动产与动产两大类，前者如土地使用权、房屋、林木，后者如船舶、机动车辆、有价证券等。

关于认定财产无主案件中的财产，是指法院根据公民、法人或者其他组织的申请，依照法定程序对某项权利主体不明或者失去权利主体的财产进行认定，判决宣布其为无主财产，并收归国家和集体所有的案件中的特定财产。

关于民事纠纷其他相关款项，特指除执行标的物、各类保证金、认定财产无主案件中财产之外的财产类涉案财物，司法实践中一般较为少见。

三、中心接收不同办案机关的涉案财物

2015年两办联合发布的《关于进一步规范刑事诉讼涉案财物处置工作的意见》，强调探索建立跨部门的地方涉案财物集中管理信息平台。基于公正与效率的考虑，独立统一涉案财物管理中心所接收的涉案财物，来源

机关应当包括公安机关、国家安全机关、检察机关、审判机关等公安司法机关，亦包括公安机关、国家安全机关之外的其他具有行政执法权的行政机关。此外，我国监察体制改革后，监察机关办案过程中的涉案财物亦可纳入独立统一涉案财物管理中心的接收范围。

（一）公安机关的涉案财物

虽然不同办案机关在工作中均会涉及对涉案财物的处置、保管，但公安机关作为刑事诉讼活动的“先行者”、行政执法活动的“主力军”，无疑是接收、保管、移转、处置涉案财物最多的单位，时下不少地方的公、检、法、财等单位联合进行的“涉案财物跨部门统一管理中心”试点改革亦多由公安机关主动牵头便是明证。

作为身兼刑事侦查与行政执法两大核心工作任务的公安机关，在有关办案过程中均会接触涉案财物。2015年修订后的《公安机关涉案财物管理若干规定》第2条作出了明确规定，即包括公安机关在办理刑事案件和行政案件过程中，依法采取查封、扣押、冻结、扣留、调取、先行登记保存、抽样取证、追缴、收缴等措施提取或者固定，以及从其他单位和个人接收的与案件有关的物品、文件和款项，具体包括：违法犯罪所得及其孳息；用于实施违法犯罪行为的工具；非法持有的淫秽物品、毒品等违禁品；其他可以证明违法犯罪行为发生、违法犯罪行为情节轻重的物品和文件。

（二）国家安全机关的涉案财物

国家安全机关与公安机关一样同属行政机关，身兼行政执法与刑事侦查两大工作职责，区别在于前者工作领域仅限于国家安全工作。对于刑事侦查职权，《刑事诉讼法》第4条明确规定，国家安全机关依照法律规定，办理危害国家安全的刑事案件，行使与公安机关相同的职权。《行政处罚法》和《行政许可法》等相关法律并未对国家安全机关的行政执法职权作出例外规定。2017年《国家邮政局、公安部、国家安全部关于加强二十国集团（G20）峰会期间寄递物品安全管理的通告》也规定，各级邮政管理、公安和国家安全等部门要密切沟通协作……严防不法分子利用寄递渠道实施危害国家安全、公共安全的违法犯罪活动。由此可见，与公安机关一样，国家安全机关在行政执法与刑事侦查领域也会涉及涉案财物。对于涉案财物的相关处置问题，《反间谍法》第15条规定，国家安全机关对用于间谍行为的工具和其他财物，以及用于资助间谍行为的资金、场所、物资，经设区的市级以上国家安全机关负责人批准，可以依法查封、扣押、冻结。综上分析，国家安全机关办案中的涉案财物范围与公安机关并无明显差异，只不过由于所办案件的案由不同，体现在涉案财物上也会有相应的侧重点区分。

（三）检察机关的涉案财物

对于检察机关工作中的涉案财物，在2018年3月通过的《宪法修正案》对监察机关作出规定之前，检察机关在刑事诉讼领域身兼侦查与公诉两大职能，故其对于涉案财物的相关工作较为重视，先后出台了多项规定。如2010年出台的《人民检察院扣押、冻结涉案款物工作规定》、2012年修订出台的《人民检察院刑事诉讼规则（试行）》、2013年修订出台的《检察机关执法工作基本规范》、2015年出台的《人民检察院刑事诉讼涉案财物管理规定》等。上述规定都从不同的角度对涉案财物的查封、扣押、冻结、保管、处理等工作做了规范。

2018年3月通过的《宪法修正案》对监察机关作出规定之后，检察机关反贪、反渎等部门整体转隶同级监察委员会。根据2018年修订的《刑事诉讼法》，检察机关仍保留部分侦查权。从这个意义上讲，检察机关对于涉案财物范围的相关规定亦未发生实质性变化。前已述及，2015年《人民检察院刑事诉讼涉案财物管理规定》第2条规定，人民检察院刑事诉讼涉案财物是指人民检察院在刑事诉讼过程中查封、扣押、冻结的与案件有关的财物及其孳息以及从其他办案机关接收的财物及其孳息，包括犯罪嫌疑人的违法所得及其孳息、供犯罪所用的财物、非法持有的违禁品以及其他与案件有关的财物及其孳息。

就上述规定而言，前已述及，检察机关对涉案财物范围的概括与公安机关基本相同，除却语言表述有所不同之外并无实质性区别。不过，通过上述语言表述中的细微差别也能发现，与公安机关的涉案财物相比，检察机关的涉案财物中财产类涉案财物偏多。当然，这也与检察机关之前一直具有的反贪、反渎等侦查职能有关；随着我国各级监察委员会的相继成立，检察机关职务犯罪侦查职能已经随之转隶，关于检察机关的涉案财物范围表述，今后是否会有所改动值得关注。不过可以想见，检察机关涉案财物中财产类涉案财物偏多的现象在实践层面将有所变化。

（四）审判机关的涉案财物

审判机关的工作重心涵盖刑事诉讼、行政诉讼、民事诉讼三大领域，与公安、检察机关相比，审判机关涉案财物的范围最为广泛。审判机关除了享有公安、检察机关所具有的查封、扣押、冻结等权力，还享有对涉案财物作出最终处理意见的权力。具体来说，既包括发生最终处置效力的没收、责令退赔等处理程序，还包括查封、扣押、冻结等强制性措施处理程序。

虽然最高人民法院并未对涉案财物作出相关范围上的概括，但综合前述刑事、行政、民事三大诉讼案件涉案财物范围分析，对审判机关的涉案财物范围可做如下归纳：审判机关在办理刑事、行政、民事诉讼案件过程中，体现在起诉立案审查、庭前财物查控、庭审权属调查、财物判决处置和生效移送执行等环节，依法采取的查封、扣押、冻结等强制性措施及没收、责令退赔等处置措施，以及从其他单位和个人接收的与案件有关的物品、文件和款项，具体包括：刑事诉讼与行政诉讼中的违法犯罪所得及其孳息，用于实施违法犯罪行为的工具，非法持有的淫秽物品、毒品等违禁品，其他可以证明违法犯罪行为发生、违法犯罪行为情节轻重的物品和文件；民事诉讼中的执行标的物、各类保证金、认定财产无主案件中的财产以及民事纠纷其他相关款项等，争议物品或标的物、侵权纠纷损坏物及民事纠纷其他相关物品、文件等。

（五）监察机关的涉案财物

1.监察机关的涉案财物应纳入独立统一涉案财物管理中心

2016年以前，我国各级机关普遍实行党的纪检机构与政府监察部门“一套人马，两块牌子”的纪律检查模式，由此与检察机关一起形成了“行政监督、检察监督、纪检监督”并行的国家监督体制，也带来了监督权分散于不同国家机关的弊端。此次国家监察体制改革将行政权、司法权、纪检权相融合，形成国家监察权。①2016年12月，全国人大常委会授权北京市、山西省、浙江省作为国家监察体制改革试点，标志着这一重大政治体制改革开始试水。②根据2018年3月20日发布并实施的《监察法》第3条、

① 刘艳红、夏伟：《法治反腐视域下国家监察体制改革的新路径》，载《武汉大学学报（哲学社会科学版）》2018年第1期。

② 左卫民、安琪：《监察委员会调查权：性质、行使与规制的审思》，载《武汉大学学报（哲学社会科学版）》2018年第1期。

第4条规定，监察机关负责办理职务违法和职务犯罪案件。[①]至此，全国范围内各级监察委员会相继迅速成立。此前，国家监察体制改革三个试点地区的监察委员会，拥有监督、调查、处置等3大职责权限，可以采取谈话、讯问、询问、查询、冻结、调取、查封、扣押、搜查、勘验检查、鉴定、留置等12项调查措施。《监察法》采用了相同设计，赋予监察机关上述3大职责权限和12项调查措施。[②]

对于监察机关的涉案财物是否应该纳入独立统一涉案财物管理中心进行统一管理，我们认为答案是肯定的。

首先，根据课题组对独立统一涉案财物管理中心的定位，该中心类似于“物”的看守所，因此在诸多方面与“人”的看守所存在相通之处。而监察体制改革以来，监察机关在办理案件过程中，对于需要留置的违法犯罪嫌疑人，往往将其交由同级“人”的看守所进行控制，很多看守所为监察机关预留了部分羁押场所[③]。从这个角度来看，监察机关对于办案过程中的涉案财物，将其交由“物”的看守所——独立统一涉案财物管理中心进行管理顺理成章。

其次，2015年1月两办印发的《关于进一步规范刑事诉讼涉案财物处置工作的意见》第5条明确要探索建立跨部门的地方涉案财物集中管理信息平台，并明确指出跨部门的对象包括公安机关、人民检察院和人民法院。显然，检察机关自侦部门的涉案财物应纳入独立统一涉案财物管理中心进行管

---

① 《监察法》第3条：“各级监察委员会是行使国家监察职能的专责机关，依照本法对所有行使公权力的公职人员（以下称公职人员）进行监察，调查职务违法和职务犯罪，开展廉政建设和反腐败工作，维护宪法和法律的尊严。”第4条：“监察委员会依照法律规定独立行使监察权，不受行政机关、社会团体和个人的干涉。监察机关办理职务违法和职务犯罪案件，应当与审判机关、检察机关、执法部门互相配合，互相制约。监察机关在工作中需要协助的，有关机关和单位应当根据监察机关的要求依法予以协助。”

② 王姝：《人代会今听取监察法草案说明》，载《新京报》2018年3月13日第A07版。

③ 实践中也有少部分地方建立了独立的监察留置场所，由公安机关派民警轮流看守留置人员。

理。而如前所述，检察机关自侦部门转隶监察机关的国家监察体制改革于2018年完成，且对于监察机关的上述12项调查权，虽然不难作出“调查权不等同于刑事侦查权”的基本性质界定，但不可否认的是，调查权与侦查权仍具有重要相似之处。从这个角度来看，监察机关对于办案过程中的涉案财物，将其交由独立统一涉案财物管理中心进行管理保持了改革的连贯性。

最后，从监察机关办案流程来看，《监察法》第46条规定：“监察机关经调查，对违法取得的财物，依法予以没收、追缴或者责令退赔；对涉嫌犯罪取得的财物，应当随案移送人民检察院。”而根据两办印发的《关于进一步规范刑事诉讼涉案财物处置工作的意见》以及课题组对于独立统一涉案财物管理中心的定位，各级检察机关的涉案财物应当由独立统一涉案财物管理中心进行管理。如监察机关自行保管涉案财物，而后移送检察机关，由检察机关再移交统一涉案财物管理中心，显然将增加诉讼流程、浪费司法资源。反之，监察机关将涉案财物交由统一涉案财物管理中心，而后通过“文书流转”和“信息流转”移交检察机关更加符合“探索建立跨部门的地方涉案财物集中管理信息平台”精神。

2. 监察机关的涉案财物范围

前已述及，调查权与侦查权仍具有重要的相似之处。具体而言，监察委调查手段的强制程度严于原行政监察机关，与侦查权有所类似，均通过对物、对人较高程度的强制手段实现查证犯罪，监察委针对职务犯罪以“调查”为名展开的一些手段及其强制性都与检察机关职务犯罪侦查手段相似。[①]由此可见，监察机关办案过程中的涉案财物范围大体上仍应等同于

---

① 左卫民、安琪：《监察委员会调查权：性质、行使与规制的审思》，载《武汉大学学报（哲学社会科学版）》2018年第1期。

检察机关原侦查部门中的涉案财物范围，但数量上前者将远大于后者。原因在于，监察机关的工作职能在于“调查职务违法和职务犯罪”，而检察机关原侦查职能仅在于调查职务犯罪。将行政权、司法权、纪检权相融合后的各级监察机关，在案件数量、案件类型和涉案财物数量方面均会远远广于检察机关原侦查部门。

《监察法》第25条对于涉案财物的来源、范围、管理作出了相关规定：监察机关在调查过程中，可以调取、查封、扣押用以证明被调查人涉嫌违法犯罪的财物、文件和电子数据等信息。采取调取、查封、扣押措施，应当收集原物原件，会同持有人或者保管人、见证人，当面逐一拍照、登记、编号，开列清单，由在场人员当场核对、签名，并将清单副本交财物、文件的持有人或者保管人。对调取、查封、扣押的财物、文件，监察机关应当设立专用账户、专门场所，确定专门人员妥善保管，严格履行交接、调取手续，定期对账核实，不得毁损或者用于其他目的。对价值不明物品应当及时鉴定，专门封存保管。查封、扣押的财物、文件经查明与案件无关的，应当在查明后三日内解除查封、扣押，予以退还。显然，《监察法》对于涉案财物管理之规定与独立统一涉案财物管理中心之构想不但不冲突，反而十分契合。

从《监察法》有关涉案财物范围的表述看，主要包括行为人涉嫌违法犯罪的财物、文件和电子数据等信息。之所以将文件、电子数据在财物之外单列出来，与职务违法犯罪中书证、电子数据较多而其他证据相对较少有直接关系。显然，此处的“财物”一词不同于本文所称的涉案财物中的“财物”，前者系指文件、电子数据之外的财产和物品，后者则是包括文件、电子数据在内的财产和物品。综上，因监察机关所负责办理的案件与检察机关职务犯罪职能转隶之前所办理的案件有所重合，仅是在检察机关职务犯罪办案职能基础上多出职务违法办案职能，因此可借鉴最高人民检察院2015年《人民检察院刑事诉讼涉案财物管理规定》第2条之规定，将监察机关涉案财物归纳为：在调查职务违法违纪和职务犯罪过程中调取、查封、扣押的与案件有关的财物及其孳息以及从其他办案机关接收的财物及其孳息，包括违法违纪犯罪嫌疑人的违法违纪犯罪所得及其孳息、供违法违纪犯罪所用的财物、非法持有的违禁品以及其他与案件有关的财物及其孳息。

（六）其他行政机关的涉案财物

除上述公安、国家安全、检察、审判、监察机关外，实践中处置涉案财物较多的单位还包括除公安、国家安全机关之外的其他有行政执法权的各行政机关。比如城管部门，众所周知，其在工作过程中所涉及的涉案财物比公安机关行政执法所涉及的涉案财物可能多得多。另外，各级工商、食药、烟草等机关单位在执法实践中亦会接触大量的涉案财物。实际上，其他行政机关为了行使行政管理职权、履行行政管理职责，按照相关法律、法规的规定，决定采取先行登记保存、查封、扣押、没收和暂存的与案件有关的物品均属其他行政机关的涉案财物范围。如《行政处罚法》第8条规定了行政机关享有的罚款，没收违法所得及非法财物，暂扣或者吊销许可证件等处罚种类；《行政强制法》第9条规定了查封场所、设施或者财物，扣押财物，冻结存款、汇款等行政强制种类。总体而言，其他行政机关的涉案财物范围与公安机关行政执法涉案财物范围理论上并无不同。

关于公安机关、国家安全机关之外的其他行政机关的涉案财物是否应纳入独立统一涉案财物管理中心，我们认为答案是肯定的。行政机关在执行公务过程中依照《行政处罚法》和《行政强制法》等所获取的涉案财物，对于涉嫌犯罪的要及时移送侦查机关，对于不涉嫌犯罪的亦应该妥为保管。[①]2018年《刑事诉讼法》第54条第2款规定："行政机关在行政执法和查办案件过程中收集的物证、书证、视听资料、电子数据等证据材料，在刑事诉讼中可以作为证据使用。"而根据2015年1月两办印发的《关于进一步规范刑事诉讼涉案财物处置工作的意见》及课题组对于独立统一涉案财物管理中心的定位，各级侦查机关的涉案财物亦需交由独立统一涉案财物管理中心进行管理。与前面论述监察机关类似，如行政机关自行保管涉案财物，而后移送侦查机关，由侦查机关再移交统一涉案财物管理中心，显然将增加诉讼流程、浪费司法资源。反之，行政机关将涉案财物交由统一涉案财物管理中心，不论是涉嫌犯罪移送侦查机关，还是未涉嫌犯罪但妥善保管，均更加符合"探索建立跨部门的地方涉案财物集中管理信息平台"精神，能够大幅节约管理资源，且利于涉案财物妥善保管。

① 《行政处罚法》第27条："违法行为涉嫌犯罪的，行政机关应当及时将案件移送司法机关，依法追究刑事责任……"第74条："除依法应当予以销毁的物品外，依法没收的非法财物必须按照国家规定公开拍卖或者按照国家有关规定处理。罚款、没收违法所得或者没收非法财物拍卖的款项，必须全部上缴国库，任何行政机关或者个人不得以任何形式截留、私分或者变相私分。罚款、没收的违法所得或者没收非法财物拍卖的款项，不得同作出处罚决定的行政机关及其工作人员的考核、考评直接或者变相挂钩。除依法应当退还、退赔的外，财政部门不得以任何形式向作出行政处罚决定的行政机关返还罚款、没收的违法所得或者没收非法财物拍卖的款项。"《行政强制法》第21条："违法行为涉嫌犯罪应当移送司法机关的，行政机关应当将查封、扣押、冻结的财物一并移送，并书面告知当事人。"第26条："对查封、扣押的场所、设施或者财物，行政机关应当妥善保管，不得使用或者损毁；造成损失的，应当承担赔偿责任。对查封的场所、设施或者财物，行政机关可以委托第三人保管，第三人不得损毁或者擅自转移、处置。因第三人的原因造成的损失，行政机关先行赔付后，有权向第三人追偿。因查封、扣押发生的保管费用由行政机关承担。"

第四章　涉案财物的接收[①]

近年来，我国司法活动出现新变化和新特点，涉案财物数量不断攀升，这不但改变了以往的办案格局和方式，还使得涉案财物管理成为司法实践和理论研究必须面对的问题。所谓涉案财物管理，指的是从涉案财物保全到对涉案财物进行法律处置的全过程，包括：其一，收集、提取、查封、扣押；其二，保管；其三，法律处置；其四，法律处置后的具体实施。[②]涉案财物管理牵涉范围广，能否妥善管理涉案财物不仅涉及案件当事人的财产权利、案外第三人的财产权利，还涉及国家的利益。因此，在日益重视财产权保护的今天，涉案财物管理受到了很大关注。然而，从涉案财物管理现状来看，管理主体专业化程度不足、管理机制不健全或者运行失效、管理标准随意多样甚至缺失、管理硬件软件落后等普遍现象，使得司法和执法中公民财产权保护效果未能尽如人意，还容易使司法和执法工作陷入被动，给维护社会秩序稳定带来压力。涉案财物管理现状混乱主要是由法律规定模糊、思想意识淡漠、理论研究匮乏等原因造成的。基于此，课题组在充分调研的基础上总结实践经验，提出建立相对于办案机关具有一定独立性的统一的涉案财物管理中心作为专门的涉案财物管理部

① 本部分作者为高源。

② 李玉华：《论独立统一涉案财物管理中心的建立》，载《法制与社会发展》2016年第3期。

门，用于解决实践中涉案财物管理存在的问题。

在涉案财物管理中，涉案财物的接收是涉案财物管理的前提和基础，它决定着涉案财物管理对象的数量、种类和规模，在很大程度上影响着涉案财物管理的质量和效果，是涉案财物管理中心整体运行状况良好的基本保障。因此，明确涉案财物接收的重要性、规范涉案财物接收，对涉案财物管理和涉案财物管理中心正常运行意义重大。

一、涉案财物接收的类型

涉案财物的接收，指的是办案人员对涉案财物查封、扣押、冻结后，将涉案财物移送涉案财物管理中心并由管理中心进行接收的环节或者阶段。涉案财物的接收是中心涉案财物管理的初始环节和阶段，是涉案财物管理中心顺利运行的前置条件。在讨论有关内容之前，有必要首先澄清“涉案财物”的概念，因为这一概念在学界和实务界颇有争议，相关法律性规范、司法解释或者学者总是基于各自视角和关切对其进行界定，导致该概念的混用和误用①。课题组认为，涉案财物既包括刑事、民事、行政诉讼中的涉案财物，又包括行政执法中的涉案财物。从种类上来看，它主要包括“财物”（具有经济价值的财产，如物品及其孳息、款项、变价物等）和“证据”（具有证据价值的物品、文件等，这里主要指的是物证、书证）②。出于这种认识，对涉案财物的接收，可以分为对“财物”的

① 例如《最高人民法院关于严格执行有关走私案件涉案财物处理规定的通知》规定，涉案财物是“涉案赃款赃物”；2015年7月公安部《公安机关涉案财物管理若干规定》规定“本规定所称涉案财物，是指公安机关在办理刑事案件和行政案件过程中，依法采取查封、扣押、冻结、扣留、调取、先行登记保存、抽样取证、追缴、收缴等措施提取或者固定，以及从其他单位和个人接收的与案件有关的物品、文件和款项……”

② 李玉华：《论独立统一涉案财物管理中心的建立》，载《法制与社会发展》2016年第3期。

接收和对“证据”的接收，对“财物”和“证据”的接收，存在不同的目的和要求。

（一）对“财物”的接收

对于“财物”而言，办案单位进行查封、扣押、冻结的主要目的是限制相对人处分财物，防止因隐匿、出卖或者毁损财物而导致事实认定或法律适用困难，导致法律处置难以执行甚至无法执行。过去，在对涉案财物进行查封、扣押、冻结后，办案单位需要对“财物”进行暂时保管。以刑事涉案财物为例，涉案财物主要由派出所、刑警队、检察院、法院等办案单位负责保管，如果刑事诉讼进入下一阶段，办案单位需要随案将涉案财物移送至其他司法机关。但是，涉案财物随案移送制度实际执行效果并不理想，大部分涉案财物并未随案移送，而是大量积压在办案部门特别是公安机关的保管场所。受制于公安机关保管场所硬件条件、保管机制、保管人力、保管监督、保管理念等主客观原因，由于保管不妥造成的“财物”价值贬损，或者因办案单位或个人徇私行为而造成的财物截留、坐支、私分、擅自处理、调换、侵吞、窃取、挪用等现象时有发生，公安部虽三令五申禁止类似现象，但难以在根本上杜绝其发生。涉案财物保管乱象丛生，不利于公私财产权利的保护，很多案件因涉案财物保管效果不佳抹杀办案人员的努力，直接影响办案工作的成败。为了避免类似现象发生，近年来社会各界的普遍共识是，必须将涉案财物查封、扣押、冻结与保管进行分离[①]，以专业化保管方式提升涉案财物保管的成效。因此，近年来各地探索建立了隶属于公安机关或者联合统一的涉案财物管理中心。关于涉案财物

① 2015年两办出台的《关于进一步规范刑事诉讼涉案财物处置工作的意见》提出：“建立办案部门与保管部门、办案人员与保管人员相互制约制度。”

管理中心归属的不同模式，课题组认为相对于办案机关具有一定独立性的涉案财物管理中心更具比较优势。根据课题组的设计，涉案财物管理中心成立之后，一旦办案人员对“财物”进行查封、扣押、冻结，办案人员都应及时将涉案财物移送至管理中心，由管理中心接收后集中统一保管。此时，管理中心的专业化保管方式，将更有利于“财物”的保值增值，从而在办案中更好地保护公民的财产权。

（二）对“证据”的接收

对于“证据”而言，办案单位进行查封、扣押、冻结的主要目的是准确认定案件事实，防止证据因湮灭、伪造、变造、藏匿或特征改变，造成认定案件事实的困难。之所以要由管理中心集中对“证据”进行保管，原因在于党的十八届四中全会通过的《中共中央关于全面推进依法治国若干重大问题的决定》明确提出，“推进以审判为中心的诉讼制度改革，确保侦查、审查起诉的案件事实证据经得起法律的检验。全面贯彻证据裁判规则，严格依法收集、固定、保存、审查、运用证据，完善证人、鉴定人出庭制度，保证庭审在查明事实、认定证据、保护诉权、公正裁判中发挥决定性作用”。这标志着证据裁判原则从理论研究走向司法实践，成为支持“以审判为中心”诉讼制度改革走向实质化的制度保障之一。证据裁判原则的要义是法院的裁判要根据证据作出。因此，在办案中，从获取证据开始，到庭审时根据证据作出裁判，证据的接收和保管十分重要。不同的证据，由于其发挥证明力的原始形态、外在属性和物理特征等各不相同，必须有针对性地采取保管措施，才能最大限度地保证证据的原始状态。对于传统类证据，如指纹、足迹、枪弹痕迹等，在接收和保管时必须防止其原有的物理性状被破坏，这些证据的物理性状一旦被破坏，证据也就失去了证明力；对于生物类证据，如精液、血液、尿液、尸体、尸块等，要防止它们变质、腐败，在接收和保管时，与这些证据接触的包装物要符合特定标准，不能污染证据，同时证据保管的环境湿度和温度要适宜；对于视听资料和电子证据，在保管时应当将其包装牢固并存放于没有磁场的地方以免消磁，还要注意防潮防尘等。可以看出，在对证据查封、扣押、冻结之后，一旦接收和保管时措施不善，可能使之发生毁损、灭失、变质等，由此则影响其证明案件事实的功能。可见，对于办案单位而言，除了对证据进行查封、扣押、冻结，还需要协助对证据做好接收和保管工作。课题组主张由涉案财物管理中心对证据集中保管，办案人员除把全部精力用于办案外，不必再花费精力进行证据保管，于是一线办案人员就从中解放出来，在一定程度上有利于缓解基层办案单位“案多人少”的矛盾。

还应注意的是，管理中心对涉案财物的接收除实物接收外，还应当包括拟制接收，是指办案单位将涉案财物占有的凭证移转给管理中心以代替实物交付的行为，这种接收主要涉及就地查封、冻结资金或者将特定款项汇入指定账户进行保管的情形，拟制接收与实物接收具有同样的法律效力。

二、规范涉案财物接收的意义

涉案财物既包括“财物”又包括“证据”，管理中心对涉案财物妥善接收，不仅能够强化对“财物”和“证据”的保护，还能够有效彰显法律的尊严与权威。因此，在司法实践中，涉案财物管理中心需要规范接收办案单位移送的涉案财物。具体来说，规范接收涉案财物的意义如下。

（一）有利于保障公民合法财产权

在现代社会，财产权是一种基础性权利，是公民行使其他权利的前提和基础。同时，财产权与人类文明具有互动性，即财产权促进人类文明向前发展。现代国家都对私有财产权提供全方位的保护，随着私有财产权的社会化，更注重在实现社会公益的基础上有效保护私有财产权。我国1982年《宪法》第12条规定：“社会主义的公共财产神圣不可侵犯。国家保护社会主义的公共财产。禁止任何组织或者个人用任何手段侵占或者破坏国家的和集体的财产。”2018年《宪法》第13条规定：“公民的合法的私有财产不受侵犯。国家依照法律规定保护公民的私有财产权和继承权。”《刑事诉讼法》第2条也明确规定，“尊重和保障人权，保护公民的人身权利、财产权利、民主权利和其他权利”。目前，随着我国经济社会发展和法制建设不断完善，公民对合法财产权的保护意识较之过往大幅度提高，特别是当自身权利受损时，可能会采用多种方式维权。因此，在国家司法或执法活动中，除了实现实体正义和程序正义，也需要关注公民合法财产权利的保护。只有在实现正义时，兼顾保护公民财产权，才能实现法律效果和社会效果的有机统一，才能真正提高司法或者行政能力，增强司法或者行政公信力。我国现有法律体系对公民私有财产权的保护尚存在不足，无论是在防止国家权力对私有财产权的侵犯方面，还是在国家权力对私有财产权的保护方面，所以应该加强国家权力对私有财产权的保护，防止权力滥用，杜绝国家权力对私有财产权的违法侵犯。因此，基于保障合法财产权的基本精神，我们也必须对规范接收涉案财物提出相应要求，必须严格将涉案财物接收的问题控制在法律框架之下。

（二）有利于落实实物证据鉴真的要求

根据证据裁判原则，法院根据证据作出裁判的最基本条件是有证据，且证据要经过法庭质证，同时满足证据资格和证明力的要求。在质证的过程中，对实物证据来说首要的、非常关键的就是实物证据的鉴真。所谓实物证据的鉴真，其实是一种旨在鉴别证据之真实性的审查方法，即证据的来源及收集、提取、保管过程，都需要提出证据的一方加以证明；对于那些可能存在伪造、变造的实物证据，也需要通过专门的证明程序加以排除[①]。在英美刑事证据法中，一般都要求对实物证据进行鉴真。2010年，我国制定颁布的两个证据规定（即《关于办理死刑案件审查判断证据若干问题的规定》和《关于办理刑事案件排除非法证据若干问题的规定》）也借鉴英美刑事证据法的规定对鉴真制度予以确立。虽然，在鉴真的具体方法上，我国的刑事证据规定并没有建立证人当庭辨认等规则，也没有要求那些持有、接触、处置、保管过实物证据的人全部出庭作证，而只是借鉴了一种形式化的证明实物证据“保管链条”的方法，要求公诉方通过勘验笔录、检查笔录、证据提取笔录、搜查笔录、扣押清单等“笔录类证据材料”，从实物证据的来源、提取、收集、保管等各个环节来证明该证据的真实性。但毋庸置疑的是，我国确定的刑事证据规则直指鉴真制度的核心要旨——证明法庭上出示、宣读的某一实物证据，与举证方“所声称的那份实物证据”是一致的。这就要求证据在被查封、扣押、冻结之后，至案件最终被提交法庭的这段时间内均必须得到保护，形成完整的证据保管链（chain of custody），保证证据在法庭上能够发挥其证明力。在涉案财物管理中心设立的背景下，“证据”必须及时送入管理中心保管，管理中心接收“证据”的活动属于证据保管链上的一个环节，如果管理中心接收“证据”的工作随意任性，无法对接收的过程进行证明或者保障接收证据的同一性，将会导致证据保管链的断裂，无法从法律角度保证实物证据不被丢失、不被替换、不被毁损等，相关证据可能与待证事实失去

① 陈瑞华：《实物证据的鉴真问题》，载《法学研究》2011年第5期。

关联性而丧失证明力。因此，规范接收证据有利于落实实物证据鉴真的要求。

（三）有利于减少管理中心财物积压

从实际调研情况来看，涉案财物积压是中外涉案财物管理中心都无法回避的问题。面对涉案财物数量巨大、种类繁多，却又无法通畅处置的现实，办案单位不得不持续建设新的场所来保管不断增加的涉案财物。例如，2016年建立的成都市涉案财物管理中心在运行一年后，进来400辆车，出去10辆车，涉案车辆的保管数量已接近饱和状态，新来的涉案车辆无地可放，管理中心不得不建造第三个涉案车辆停放区停放涉案车辆。类似情况也出现在课题组调研的其他涉案财物管理中心。根据课题组的设想，涉案财物管理中心成立之后，绝大多数涉案财物都将移送管理中心保管。毋庸置疑，涉案财物管理中心也将面对涉案财物积压的难题。造成这一现象的原因，包括涉案财物入口把关不严和涉案财物处置机制不畅等。因此，为了解决涉案财物积压的问题，需要从“源”和“流”两个角度来加以解决：一方面，需要把关“源头”，规范涉案财物接收，避免无关的财物进入管理中心，占用有限的管理资源；另一方面，需要加快管理中心内涉案财物的流转和处置，畅通其出口。过去，办案过程中收缴的很多涉案财物都没办法及时移交、处理，即使在案件判决以后，很多东西还是会积压在保管中心。长此以往，涉案财物不仅占据大量空间，而且极易造成涉案财物损毁、变质、损坏等情况，造成社会资源的巨大浪费。可见，只有同时兼顾治理“源”“流”两面，才能成功解决涉案财物管理中心可能面对的财物积压问题。仅从“源”的治理上看，就是要规范涉案财物的接收。只有规范涉案财物的接收，才有可能实现减少涉案财物积压的目标，从而在最少成本基础上维持涉案财物管理中心的正常运转。

（四）有利于降低涉案财物管理的成本，提高经济效益

涉案财物管理不仅仅涉及诉讼程序和执法的公正性问题，还牵涉法律资源的投向和合理利用。原有管理模式的主要缺陷之一在于涉案财物管理资源的分散、重复和单一，不合理地消耗了大量的法律资源。因此，建立经济而高效的涉案财物管理制度也应当是改革的重要目的之一。经济效率是分析涉案财物管理中心运行状况的重要指标，它是指在一定经济成本的基础上所能获得的经济收益。“经济效率是一个伦理问题，同时也是科学的概念。”[①]目前，这一概念已被引入法律制度分析，成为法律活动追求的重要价值之一。根据课题组的观点，独立统一的涉案财物管理中心既不应归属办案机关，也不应委托于遵循市场经济规律的第三方企业，而是应当定位为政府统一管理的专门机构[②]，维持其运行的成本主要应该来源于财政拨款。由于财政拨款不能无限供给，即意味着涉案财物管理中心的运行不能不计成本、不管代价，必须在成本一定的情况下提升管理中心运行的效率。因此，涉案财物管理中心在运行中，应树立成本观念和成本意识，工作人员应当在职权范围内对各种影响成本的因素和条件采取一系列预防和调节措施，充分考虑“投入—产出”平衡，最大限度减少由场地、人工、设备、耗材、管理等带来的经济成本，避免盲目投入、重复建设、不计成本、不重效益的随意行为，以保证成本管理目标的实现、提高管理中心运行的经济效率。降低涉案财物管理的成本、提高经济效益的主要措施包括：在涉案财物管理中心建设基于互联网的信息化管理技术，引入RFID技术、安防技术、数据分析技术和分区管理理念，以此降低管理成本，提升管理

① ［美］理查德·A.波斯纳：《正义/司法的经济学》，苏力译，中国政法大学出版社2002年版，第13页。

② 李玉华：《论独立统一涉案财物管理中心的建立》，载《法制与社会发展》2016年第3期。

效能；减少不必要的耗费，降低成本。除此之外，更为重要的是规范涉案财物的接收。如果不对涉案财物予以规范的接收，将大大提高管理中心运行的成本。如果与案件无关的财物进入管理中心保管，毫无疑问将占用有限的管理资源，管理中心运行的经济成本也将增加。

需要强调的是，管理中心树立成本观念和成本意识，主要是针对“财物”而言的。对于“证据”而言，实现正义的价值高于效率的价值追求，因此，对于“证据”的接收和保管，不应当将接收、保管成本作为最主要的考虑因素。

三、涉案财物接收的基本原则与要求

当前，在我国立法与实践中，存在一定的“重人身权保护，轻财产权保护”的倾向。从立法上看，关于涉案财物管理方面的法律处于滞后状态，极易导致司法或者执法中公民合法权利被侵犯。因此，课题组认为应当从基本原则和执法要求两方面规范涉案财物的接收。

（一）涉案财物接收的基本原则

管理中心接收涉案财物应当遵循的基本原则，主要用于规制涉案财物接收或者避免涉案财物接收时可能出现的问题。这些共同原则背后体现的是法律基本正义的要求。具言之，涉案财物接收的基本原则包括以下几种。

1.法定性原则

法定性原则在现代法律制度中居于非常重要的位置，它是现代人权保障和权力制约的基本要求，是现代法治的第一原则。由于涉案财物接收涉及公民的财产权，其适用操作必须严格限制在法律框架之内。在法定性原则下，法律对于涉案财物接收应当从实体和程序两方面进行规制。从实体层面来看，应当完善认定涉案财物的法律法规，办案人员不能自由裁量扩大涉案财物的范围，管理中心不能随意接收"涉案财物"——该接收的一定要规范接收，不该接收的坚决不能接收；从程序层面来看，应当完善涉案财物接收的程序条件、程序步骤、程序方式和程序后果等。

2. 关联性原则

关联性原则，指的是只有与案件存在关联的"财物"和"证据"，才能对其进行查封、扣押、冻结并移送管理中心保管；与案件不存在关联的"财物"和"证据"，禁止办案人员随意采取查封、扣押、冻结，涉案财物管理中心禁止接收与案件不存在关联的"涉案财物"。进一步理解关联性原则应当注意：第一，相关财物为涉案财物必须有证据证明。办案人员在调查取证时，往往比较重视调取犯罪嫌疑人、被告人定罪量刑的证据，而经常忽视收集证明有关财物为涉案财物的证据。换言之，办案人员对财物的保全可能建立在没有证据或者证据并不充分的基础上。这种情况应当极力避免，它不符合"证据裁判原则"的基本精神。根据"证据裁判原则"，"对案件事实的认定必须以证据为根据"。同时，传统的"证据裁判原则"功能已拓展到审前程序，即适用于审前程序中运用证据对案件事实作出的各种裁决[①]。所以，认定财物为涉案财物必须建立在证据认定案件事实的基础上。第二，相关财物与案件事实之间的关联为直接关联。所谓直接关联，指的是涉案财物对违法犯罪的完成起到了决定性和促进性的作用，或者财物直接生成于违法犯罪活动；对于那些仅与案件事实存在偶然关联或者间

① 闵春雷：《证据裁判原则的新展开》，载《法学论坛》2010年第7期。

接关联的财物，一般不应视为涉案财物。以作案工具为例，如果相关财物被认定为作案工具，其应当与违法犯罪之间存在经常性的联系，是专门或主要用于实施犯罪之物，而非偶然用于犯罪之物。例如，某案件中，被告人沈某以2万余元购得一辆面包车，该车主要从事出租营运。其后的某天晚上，沈某驾驶该车伙同他人来到某县境内，采用投毒的方法窃得狗11只，价值1200余元。同月10日晚，沈某再次驾驶该车伙同他人来到该县行窃时，被公安机关抓获，其所驾驶的车辆也被作为作案工具扣押。[①]但是，这一案件审判时法官却认为，虽然沈某在实施犯罪时驾驶车辆，但该车主要用于出租车营运，用于作案仅两次，与案件事实之间的关联仅为偶然关联，不应当将其视为作案工具予以没收。可见，应当从财物利用方式、使用频度、与违法犯罪行为的关联程度等方面，综合判断某物是否与案件事实存在直接关联。

3.公开性原则

公开作为一种基本的法治理念，也是应然的法治状态，体现着程序理性对司法和执法活动的影响。法律程序中的公开，基本含义是除依法应当保密的以外，应一律公开进行。涉案财物接收的公开性原则要求涉案财物接收应当以公开而非秘密的方式运行。公开性原则至少包含两方面内容：第一，涉案财物接收的相关法律、法规和政策公开；第二，涉案财物接收应向利害关系人公开，相关单位应当告知其相关事项，听取其辩护意见，使利害关系人了解涉案财物在查封、扣押、冻结之后的“流向”；第三，涉案财物接收应向社会公开，相关单位可以通过一定期限的公示，让案外

① 参见李长坤：《刑事涉案财物处理制度研究》，华东政法大学2010年博士学位论文，第67页。

第三人或者社会公众知晓管理中心运行情况，应允许新闻媒介依法采访、报道和评论管理中心接收涉案财物及其他情况。

4.及时性原则

涉案财物接收的及时性原则，指的是办案人员在对涉案财物采取查封、扣押、冻结措施之后，应当在一定时限内尽快将其移送至管理中心，管理中心也应当及时接收涉案财物。管理中心设置的初衷，是避免涉案财物在办案单位之间流转、统一提高保管水平、实现涉案财物保值增值、解放办案人员等。因此，一旦对涉案财物查封、扣押、冻结，就应当立即将涉案财物移送至管理中心。如果允许涉案财物长时间滞留在办案单位或者由办案人员根据自己的意志随机移送，那么管理中心的建立就失去了最初意义。基于此，应当根据不同情况，强制办案人员在规定时限内尽快将涉案财物移送至管理中心，并由管理中心进行接收。一般情况下，办案人员依法查封、扣押、冻结涉案财物后，应当在24小时内将其移送涉案财物管理中心。异地办案的应当在返回办案单位后24小时内办理移交手续。办案单位地处偏远、交通不便地区的，应当在48小时内办理移交手续。情况紧急需要在24小时内对涉案财物进行鉴定、辨认、检验、检查的，经办案单位负责人批准，可以在上述工作完成后24小时内将涉案财物移交涉案财物管理中心，并办理移交手续。行政案件涉案财物在24小时内已经处理完毕的，不再办理移交手续，但应当将处理涉案财物的相关手续附卷保存。

在及时接收涉案财物方面，深圳市宝安区刑事涉案财物管理中心做出了有益探索，该涉案财物管理中心设计了专业押送涉案财物的模式，把普通的中型客车改装成专用物证押送车，涉案财物管理中心会每天两趟到办案单位收取涉案财物，然后分类运送回涉案财物管理中心，这种做法不仅能够解放基层办案的警力，同时还能为涉案财物及时移送至管理中心提供切实保障。

5. 记录性原则

涉案财物接收的记录性原则，指的是与涉案财物接收有关的一切活动都应当做好详细完整的记录，以便在法庭上质证涉及"证据"的证明力或者"财物"的经济价值时，可以提供依据。同时，记录性原则还可以明确办案人员和保管人员的责任。因此，当涉案财物由办案人员移交至管理中心时，管理中心人员应当做好如下记录：交付涉案财物的办案人员信息，接收涉案财物的时间、地点，接收涉案财物的原因，以及向办案人员索要其他凭证。在涉案财物接收后，任何接触过涉案财物的人都要在涉案财物的包装上签名并做好标记，当涉案财物因办案等原因外借时，管理中心工作人员应当做好记录，并且检查涉案财物与当初是否一致。这些过程的记录还可以通过同步录音录像的方式实现。

（二）涉案财物接收的要求

1. "财物"接收的要求

涉案财物的接收除了遵循上述基本原则，管理中心工作人员还必须按照一定的要求完成涉案财物的接收工作。涉案财物中，刑事涉案财物在数量上占据较大比例，下面主要以刑事涉案财物为对象阐释相关问题。具体言之，涉案财物接收包括以下要求：

（1）接收的"财物"应当尽量做到权属明确。权属明确要求涉案财物管理中心接收的涉案财物产权归属尽量明确，以便涉案财物管理中心管理以及日后对其进行法律处置。所谓产权，指的是经济所有制关系的法律表现形式，包括财物的所有权、占有权、支配权、使用权、收益权和处置权等。市场经济条件下，权属关系复杂多样，同一财产的不同权利分属于不同主体的情况非常普遍。在司法实践中，经常会遇到这样的情况，即涉案财物虽被认为与案件事实有关而采取强制性措施，但办案人员并未弄清其物权归属情况，或者无法提供权属方面的证据，致使后期因无法确定具体的权属人而影响涉案财物的处置。部分权属有争议的案件，法官在判决时只能回避对该财物的处置，这些问题遗留至执行阶段，非常不利于对当事人财产权利的保护。另外，在权属关系不明确的情况下，如果对涉案财物直接采取强制性措施，就可能剥夺或者侵害物权所有人本应享有的权利，如要求先期处置的权利、知情权、申诉权和控告权①等。因此，在涉案财物提取固定中应当极力避免类似的现象，在对涉案财物进行查封、扣押、冻结时应做到权属明确，尤其是相关涉案财物是否存在质押、抵押或被其他办案机关查封、扣押、冻结等情况。只有在特殊情况下，为了防止涉案财物转移、隐匿等，才可在权属不明时先行采取强制性措施提取固定，但在查封、扣押、冻结涉案财物之后，应当迅速甄别和明确权属关系，同时解除对与案件无关的财物所采取的强制性措施。

（2）接收的“财物”应当尽量明确其经济价值。在办案过程中涉案财物价值贬损的情形经常发生，涉案财物管理中心应当采取必要的保值增值措施，以减少涉案财物贬值对合法生产经营及公民财产权的影响。虽然2015年《公安机关涉案财物管理若干规定》提到了涉案财物的“保值”，但是这一“规定”没有涉及涉案财物“增值”的问题。随着人们权利意识

---

① 《刑事诉讼法》第115条第1款规定：“当事人和辩护人、诉讼代理人、利害关系人对于司法机关及其工作人员有下列行为之一的，有权向该机关申诉或者控告：（一）采取强制措施法定期限届满，不予以释放、解除或者变更的；（二）应当退还取保候审保证金不退还的；（三）对与案件无关的财物采取查封、扣押、冻结措施的；（四）应当解除查封、扣押、冻结不解除的；（五）贪污、挪用、私分、调换、违反规定使用查封、扣押、冻结的财物的。”因此，涉案财物相关人有申诉和控告的权利。

的不断增长和国家机关对公平正义的持续追求，上述问题应当纳入考虑范围。从课题组多次调研情况来看，由于理念上的局限，各地管理中心在涉案财物增值方面没有进行过多的探索。课题组认为，日后涉案财物的保值和增值两个问题，都应当将其纳入涉案财物管理中心基本职能。对于涉案财物的保值增值而言，应当是在明确经济价值的前提下才能开展，因此，在涉案财物管理中心接收涉案财物时，应当对涉案财物进行检测和鉴定，对其真伪、品质、瑕疵、安全性能、使用性能、经济价值等作出鉴定，或者由管理中心对已经出具的鉴定意见进行形式上的审查，由此确定“财物”的经济价值。

2.“证据”接收的要求

在涉案财物从提取固定到移送管理中心的过程中，必须形成完整的记录体系（如涉案财物到案、流转、安置、经手等的基本情况），以保障财物的同一性和真实性。从本质上看，证据链条完整要求根源于实物证据鉴真的要求。在司法实践中，自提取固定实物证据至审判阶段将证据提交法庭，要经历提取固定、运输、保管、辨认、鉴定等多个环节，任何一个环节的不当操作，都可能损害其证明价值：轻则可能导致其被污染或者外在属性、特征等发生变化；重则可能导致其被损毁、灭失，甚至被替换、被盗。为此，一些国家在实践基础上，形成了实物证据的鉴真制度，即法庭审判时证据提交者必须证明该证据就是他所声称的事物，因此办案人员必须通过形成完整的证据保管链条，防止出现危害证据证明力的情况发生[①]。鉴真制度对于涉案财物同样适用，因为绝大多数涉案财物具有证据价值，

① 关于证据保管链制度的相关内容，可参见陈永生：《证据保管链制度研究》，载《法学研究》2014年第5期。

在证明案件事实中能够发挥一定的作用，需要形成完整的记录体系。另外，链条完整要求能够避免办案人员贪污、丢失、损坏、截留、挪用、私分涉案财物等违法行为。涉案财物的接收主要包括以下要求。

（1）检查“证据”的包装和封口等情况。就涉案财物查封、扣押、冻结而言，一旦对相关证据进行固定保全，都要求对其独立进行包装，并在封口处加贴封条或者采取其他措施密封。这些措施除避免证据间相互污染外，还有防止有机会接触财物的人员故意篡改、毁坏、调换财物的功能。对涉案财物查封、扣押、冻结时，还应要求办案人员、见证人和持有人等在密封材料上签名。另外，在办案人员查封、扣押、冻结涉案财物后，还应当根据不同财物的属性差异，采用不同的收集和包装方式处理，避免因收集和包装不当，导致财物发生变化，从而丧失、降低其价值和证明力。特别是对于依法提取固定的现金、文物、金银、珠宝、名贵字画等贵重财物，应当拍照或者录像，并及时鉴定真伪、进行估价，防止日后法律处置时出现其真伪、价值等问题的争议。因此，管理中心在接收这些涉案财物时，需要检查“证据”的包装和封口等情况，如果发现证据的包装和封口方式、方法存在问题，应当及时要求办案人员改正，然后才可允许涉案财物进入管理中心。

（2）上门接收“证据”时，应当根据不同涉案财物的属性，采取合理的方式进行运输。以电子数据存储设备为例，在运输时，“应当确保电子存储设备远离无线电发射装置等造成的磁场环境……要避免电子设备长期处于运输工具之中，因为高温、寒冷或者潮湿的环境都会损害甚至毁损电子数据……要确保运输中的电子设备被妥善包装和安置，以避免冲击和震动造成损害”①。管理中心在接收涉案财物运输时，对包装、保存好的证

① 转引自陈永生：《证据保管链制度研究》，载《法学研究》2014年第5期。

据要轻拿轻放，严防不小心将其摔到地上而破坏外形特征，在用车辆运输的时候，装车的过程中要有条理、有防护地将各类证据按照一定的顺序存放，对于易碎的证据之间要留出一定缝隙或者用泡沫、海绵之类的东西隔开，以防车辆颠簸将其震碎。对于纸质的证据，在移交的时候要注意防水防潮，更不要破坏证据外面的包装。接收证据的一方在检查无误后，应当向提供的一方出具收条并做好记录。

（3）接收“证据”时，应当认真清点核查相关财物的特征、数量等，做好记录，要求接收人员签字确认，以保证涉案财物的同一性和真实性。从课题组的调研情况来看，部分涉案财物管理中心运用大容量磁盘阵列、数据存储设备，内置数字监控、数字成像、密闭保存、专用设备保管、实时行为轨迹记录、保管人身份识别等设备，从接收、登记、入库、核查、办案支持到移转的完整流程，最大限度地减少办案人员与涉案财物实体的接触频率，有效维护涉案财物的安全，降低了涉案财物可能存在的损毁或灭失风险，这些经验有推广的必要。对于部分地区，由管理中心派专人定期上门接收涉案财物。另外，在保管财物期间，管理中心人员有义务杜绝无关人员接触财物。对于依法确有必要接触财物的人员，工作人员应当在保管链条记录文件中详细记载其姓名、接触证据的原因和时间以及财物在其接触前后变化的具体情况，做到涉案财物管理每个环节都有据可查。

四、制定涉案财物接收的标准

规范涉案财物接收，应当通过制定实施标准（规范、规程和制度等）达到统一，以保证管理中心实现最佳保管秩序和效果。其中信息化是非常重要的一种手段。对涉案财物依法采取提取固定措施到移送管理中心的过程，都应当及时录入涉案财物信息管理系统，按照相关程序及法定时限进行实时、动态、信息化的管理。值得注意的是，在办案人员将涉案财物移送至管理中心时，包括将实物移送至管理中心的“线下活动”和将涉案财物信息录入管理信息平台的“线上活动”，两者相辅相成、相互对应、缺一不可，需要管理中心从硬件和软件两个层面提供支持。为此，涉案财物管理中心应制定统一的线下入库环节标准和线上入库环节标准，保障涉案财物接收的标准化。其主要内容如下。

（一）制定线下入库标准

线下入库标准主要指的是向管理中心移送实物的过程中应当遵循的标准。入库时，管理中心工作人员应当对涉案财物有关的法律文书、证据材料等进行审查。审查的具体内容包括：其一，查看涉案财物采取强制性措施的法律文书是否齐全、制作是否规范完整、签章和签名等是否齐备。其二，查看移送涉案财物是否与移送清单一致等。涉案财物进入管理中心时，工作人员需要将涉案财物与移送清单一一对应，涉案财物、照片、特征等要一一对应，保障入库的“涉案财物”与案件涉案财物的同一性，确保涉案财物不被污损、丢失、调换等。入库之后的涉案财物还需要规范化、专业化的管理，这就需要借助更为先进的现代科学技术。从课题组调研情况来看，RFID管理技术有进一步推广的必要。这种技术能够使得储存在管理中心的涉案财物具有唯一的身份标识，可实现对涉案财物从入库到出库全过程的精准定位、智能盘库和自动统计等。

（二）制定线上入库标准

线上入库标准主要指的就是向管理中心信息平台录入信息的过程中应当遵循的标准。管理中心应当采用统一的信息模板，办案人员在将涉案财物实物进行移送时，需要按照标准录入涉案财物相关信息，建立专门的台账，对管理的所有涉案财物逐一编号登记，记录案件信息、财物来源、保管状态、场所和去向，实现对涉案财物在法定时限内进行实时、动态、信息化的管理。为了减少办案人员的工作负担，管理中心可以建立与执法办案信息系统相互关联对接的信息系统，省去人为费时费力的手工输入环节，以此实现对涉案财物全程信息的把控和管理。当然，出于案件保密或者信息安全的考虑，录入或者推送到管理中心的信息应当仅限于纯粹的涉案财物信息而不涉及具体案情，防止管理中心工作人员将其泄露，给案情侦办工作带来不利影响。

第五章　涉案财物的分类保管①

一、我国大陆地区涉案财物分类保管概览

在课题研究和推进独立统一涉案财物管理中心建设同步进行的过程中，课题组参加了深圳市宝安区刑事涉案财物管理中心的建设工作，主要包括驻点调研、参与论证、起草法律文件、制定相关制度、工程验收等；应邀参与了北京市涉案财物管理中心的建设工作，主要包括专家咨询、全国调研、论证研讨、现场会等；赴浙江诸暨和杭州、福建石狮、江苏海安、四川成都和都江堰、新疆塔城、山东德州等地调研；此外，还应邀为多地涉案财物管理中心的建设提供专家咨询。现基于课题组对我国大陆地区涉案财物管理中心的实际了解对涉案财物的分类管理予以探讨。

（一）代表性涉案财物管理中心的分类保管概况

1.深圳市宝安区刑事涉案财物管理中心

深圳市公安局宝安分局在区委区政府的支持下，在深圳市公安局和宝安区政法委的领导下，于2015年立项创建“跨部门五统一涉案财物管理新机制”项目，经过一年多的调研、论证和建设，2016年12月建成公、检、

① 本部分作者为田力男。

法、财等部门在制度、流程、标准、平台、保管等五方面统一的涉案财物管理新机制。建成的全区统一的刑事涉案财物管理中心，占地面积为4890平方米，建筑面积达5331平方米。该中心拥有大宗财物保管库、自动化仓库、刑事物证保管库、贵重物品保管库、涉案枪支弹药保管库、涉密物证保管库、电子物证存储库等七大功能库室；同时设计定制专门的物证保管箱，借助RFID、二维码、视频、网络等技术手段，实现涉案财物的智能化、自动化、标准化、专业化保管。此外，还包括专门停放涉案车辆的"宝石路扣车场"，占地面积为2.5万余平方米，可停放车辆800余辆。

2.浙江省诸暨市刑事诉讼涉案财物管理中心

诸暨市位于浙江省中北部，为绍兴市下辖县级市。根据两办联合印发的《关于进一步规范刑事诉讼涉案财物处置工作的意见》，诸暨市委政法委牵头，数次召开公检法联席会议，就涉案财物移送、信息审核、实物处置等内容展开会商，并于2015年4月20日出台《诸暨市刑事诉讼涉案财物管理办法（试行）》。之后，由市委政法委牵头，公安局、检察院、法院、财政部门共同参与，挂牌成立了浙江省第一家涉案财物集中管理中心。其中，物证登记室为公检法一体化办公场所，也是物证提交和接收的场所。诸暨市刑事诉讼涉案财物管理中心，是在公安局原有物证管理中心的基础上建成的。管理中心面积约1200平方米，由原城中派出所二层至三层办公楼改造而成（大型物品保管场所另设他处）。针对涉案财物的不同性质和保管要求，管理中心设立不同类型的物证保管室，包括普通物证室14间、淫秽物证室1间、涉密物证室1间、贵重物品物证室1间、涉毒物证室1间、光电磁介质物证室1间、血样卡物证室1间、病理组织物证室1间、骨骼物证室1间等。在实际运行中，需要特殊保管的生物物证、违禁品等，因存储、保管难度要求较高，目前仍主要存放于公安机关刑事科学技术室或者其他特定场所内。诸暨市实行涉案财物总、分两级管理，设立涉案财物管理总中心，即诸暨市刑事诉讼涉案财物管理中心，派出所、公安局办案大队、检察院（管理检察院自侦案件中的涉案财物，是否移交总中心由检察院自行决定）和法院等共设立17个涉案财物管理分中心，用于治安案件、检察院自侦案件等涉案财物的管理。

3.福建省石狮市涉案财物管理中心

石狮市位于环泉州湾核心区南端，为中国福建省下辖县级市，由泉州地级市代管。石狮市涉案财物管理中心成立于2016年11月，目前管理中心占地4.57亩，保管室面积为1250平方米。从地理位置上看，管理中心位于石狮市区，最远的公安派出所距离管理中心有20分钟车程。管理中心毗邻市看守所、拘留所，办案民警在移送违法犯罪嫌疑人羁押时，可顺便移交涉案财物。石狮市实行涉案财物两级管理，对于价值较大、处置难度高的涉案财物由管理中心统一管理，而短时间可处理的涉案财物则由派出所的涉案财物管理室自行保管。涉案财物管理中心实行分区管理，主要划分为机动车管理区和物品管理区。物品管理中心内，分设普通物品管理区和贵重物品保管室。

4.四川省成都市涉案财物管理中心

成都市，中国西南地区的科技、商贸、金融中心和交通枢纽，国家重要的高新技术产业基地、商贸物流中心和综合交通枢纽、西部地区重要的中心城市。从性质上讲，成都市涉案财物管理中心没有和全国大多数地方一样选择公权独管模式，而独辟蹊径探索由“管理中心”统一保管的同时，公检法分阶段委托第三方专业保管并行的模式。管理中心保管区细分为大件财物、高价值财物、特殊财物（内设易燃易爆物品存放区）、一般财物和涉案车辆保管等五大区域。目前，涉案枪支、弹药、毒品、生物物证、微量物证等并未纳入管理中心的服务范围。同时，为充分发挥市场在资源配置中的决定性作用，市级公检法部门集体研究决定采用政府购买服务的方式，由公检法三家共同委托具有政法背景、保密资质和雄厚实力的国有平台公司——成都市保安服务总公司，集中保管涉案财物，探索出委托第三方专业机构保管涉案财物的新模式。总之，涉案财物保管实现“三类标准”，即普通财物高于超市保管标准、贵重财物适用银行金库标准、车辆适用4S店专业维护标准。管理中心对涉案车辆按照“一周打火、两月清洗、三月保养”的要求进行保管，保证涉案车辆“入库出库一个样，交回权利人不变样”，有效避免了车辆因长期停放或保管不当导致价值贬值等问题，确保车辆的性能良好，有力维护了当事人或利害关系人的合法权益。

5.四川省成都都江堰市涉案财物管理中心

都江堰市由四川省直辖、成都市代管，位于成都平原西北边缘岷江出山口处，因水利工程都江堰而得名。按照公安部、四川省公安厅、成都市公安局的要求，都江堰市涉案财物管理中心于2015年年底开始建设，2016年8月开始运行。管理中心位于都江堰市公安局新办公大楼二楼，与指挥中心、专业办案大队、集中办案区等属同一地点，涉案车辆停放区位于办公大楼后院，管理中心占地为970平方米。该中心由公检法三家共用，建在公安机关内，由公安机关代管，实现对涉案财物集中保管。管理中心分办公区与库房区，两者相对分离。库房区分为普通物品保管室（分为A、B、C三间）、贵重物品保管室、涉案毒品保管室（保管包括没有特殊保管要求的毒品原植物、毒品半成品）、涉案枪支保管室内（A、B两间）。涉案毒品保管室、涉案枪支保管室内采用双人双锁的保管制度，只有办案大队的专门保管人员（1人）和库房管理人员（1人）同时到场时，才能对相关涉案财物进行出库、入库等处理。管理中心还负责对涉案车辆定期进行清洗、保养，由此保证涉案车辆的性能和价值。

6.江苏省南通市海安县刑事诉讼涉案财物管理中心

海安县位于江苏省东部的苏中地区，位于南通、盐城、泰州三大市交界处。在县委县政府大力支持下，海安县公安局党委积极协调检察院、法院、财政局等单位达成共识，按照“党委政府主导、公检法共用、公安为主管理”建设思路，经多方论证，对原县局涉案财物管理中心进行改造并建成海安县刑事诉讼涉案财物管理中心，分设有接待区、物品摆放区和涉案车辆停放区，集中统一保管公检法在刑事诉讼执法过程中所有涉案财物。该中心与县公安局刑侦大队三个专业侦查队、县公安局DNA实验室、预审中队（该地预审部门既负责办案又负责监督）、办案中心等在同一大院内。海安县刑事诉讼涉案财物管理中心采用“一个总中心，下设分中心”的管理模式，即办案单位和各派出所仍沿用原物证室，用于保管规定期限内能够处理完毕的涉案财物和预审前的刑事案件涉案物品。当这些刑事案件进入预审环节后，办案人员将涉案财物从分中心移送至总中心进行管理。总中心实行分区仓储式集中保管，将原来分散于各警种各部门的涉案财物纳入统一管理平台，总中心与分中心之间通过涉案财物管理系统进行关联。除了DNA微量物证由公安机关DNA实验室保管，其他实物性的涉案物品采用编码入库方式管理，即仍由原办案单位以案建档，实行“一案一档、一物一号”条形码管理，系统识别后记录所对应案件、办案民警、存放区域等信息。

7.北京市、区涉案财物管理中心

北京市2016年开始进行涉案财物管理改革，2017年逐步建成“3+3+3”涉案财物管理体系，积极打造“涉案财物管理中心+涉案财物保管室”运行模式，初步实现了从机构到人员的全方位监督保障，即三级保管场所（市、区两级涉案财物管理中心及基层涉案财物保管室）、三级专业队伍（市局法制总队涉案财物管理支队、分局法制支队涉案财物管理中队或专职人员、各基层办案部门案管组）、三级管理平台（公检法跨部门涉案财物信息平台、北京市公安局执法办案平台及各单位智能库管平台）。北京市、区两级的涉案财物管理中心划分为办公区和物品保管区。物品保管区按照涉案财产属性不同，分别设立贵重物品区、特殊物品区、大型物品区、普通物品区、车辆停放区等。已破在审案件和未破案件的涉案财物在物品保管区分区保管。

（二）代表性分类保管之比较分析

从宏观的保管模式看，上述总体上皆为跨部门集中管理模式，即依托公安机关原有的涉案财物管理中心，建成一个由党委政府主导、公检法共用的涉案财物中心（市委政法委牵头，公安机关、检察院、法院参加，有的财政部门也加入；或者重建中心，公安机关代管）。当然一般多为管理“（总）中心”与办案单位原保管室做“分中心”并存的“两级管理”模式。个别增加委托第三方专业机构保管的新模式。[①]从微观的保管模式看，主要为独立统一的涉案财物管理中心内部的具体分类保管问题。该分类保

① 涉案财物的保管模式理论上可分为宏观模式和微观模式。宏观模式一般从外部视角看保管机构与其他机构之间的关系、内部视角看保管机构之间的关系，保管覆盖的领域范围等。以上问题采用何种方式处理导致涉案财物保管在宏观方面呈现不同模式。可能会涉及的重要问题大致有：第一，集中统一管理模式具体由专门机构保管，即跨机关保管模式还是由公安机关代管模式更适宜。第二，在刑事诉讼涉案财物保管领域采用绝对的集中统一模式还是相对的集中统一模式。相对的集中模式包括内外部保管相结合模式，还有内部的两级管理模式。第三，建立独立统一涉案财物保管机构的覆盖领域和范围仅包括刑事诉讼涉案财物，还是所有诉讼的涉案财物，甚至包括所有执法领域、监察调查领域等。这些问题由于本专题主题及篇幅所限，在此暂不展开讨论。而涉案财物保管的微观模式主要指具体的分类保管问题，包括分类的标准、具体划分等方面。微观模式的具体构建问题将在本专题后续部分展开详细论证。

管有待探讨的问题包括分类的价值导向、分类的标准、具体实操层面的划分等内容。从上述调研的代表性地方的涉案财物管理中心分类保管来看，横向比较后发现，具体划分保管区域时考虑的因素主要有：涉案财物财产的价值大小，如是否为贵重物品；涉案财物本身的外在度量表现，如体积或质量大小，是否为大型物品；涉案财物的物理属性、外在的表现形态，如是否为光电磁介质、是否为生物样本等；涉案财物是否具有特殊的保管要求，如是否需要特殊技术手段保管，或者因自身物理特征需要特殊的保管环境（光线、温度、湿度等）；涉案财物是否在法律上具有特殊性质或定位，如是否为涉黄、涉毒、涉枪支弹药等违禁类物品，或者有涉密等法律特性；涉案财物是否因诉讼类型或案件性质不同而在保管上具有不同的程序性要求，如可否提前返还等；涉案财物是否有特殊的提前处置保管要求，如是否因物本身将灭失或价值贬损等紧急情形而不宜持续保管且需要提前变现处理等；涉案财物的保管主体及保管能力上是否具有行业性通用标准或特殊专业化要求而适宜引入外部保管力量等。

从以上分析发现，宏观保管模式与微观保管模式并不是绝对泾渭分明的，而是存在一定的交叉。在处理微观的分类问题时，可能将不宜在涉案财物管理中心保管的物品划分出去，另寻专业力量保管。在该问题的解决上，到底选择刑事司法专门机关之外的非公权主体，还是在内部委托其他部门，也是宏观保管模式中需要解决的保管机构与其他机构之间的关系，以及内部系统中保管机构之间的关系等内容。而从保管覆盖的领域范围上考虑分类保管的问题时，也可将宏观的保管模式与微观的保管模式相结合考虑，即诉讼或案件的类型不同是否影响宏观的保管模式（三大诉讼合一抑或分立保管）和微观上的具体分类（如刑事涉案财物内部如何因案件性质或类型而影响分类）等。

为了便于将调研的上述地区的典型保管分类与模式进行直观呈现，进而为后文论证发现问题、分析问题、解决问题提供直接的依据，现将几种代表性分类保管地区的具体比较事项和内容通过表5–1反映。

表5–1　代表性分类保管地区比较

代表性涉案财物管理中心	保管模式	涉案财物保管分类
深圳市宝安区刑事涉案财物管理中心（财政部门参加）	两级管理：跨部门中心由公安机关代管	涉案车辆保管场、大宗财物保管库、自动化仓库、刑事物证室、防磁保管室、涉案枪支弹药保管室等不同库室，同时设计定制专门的物证保管箱（九宫格制式）。分为侧重财产性和证据性不同类别保管
浙江省诸暨市刑事诉讼涉案财物管理中心（财政部门参加）	两级管理：中心设贵重物、涉毒物证、冷冻冷藏等专门保管室（分中心：治安案件涉案财物保管）	针对涉案财物的不同性质和保管要求，管理中心设立不同类型的物证保管室，包括普通物证室、淫秽物证室、涉密物证室、贵重物品物证室、涉毒物证室、光电磁介质物证室、血样卡物证室、病理组织物证室、骨骼物证室等
福建省石狮市涉案财物管理中心	两级管理：跨部门中心（公安机关代管）+分中心	主要划分为机动车管理区和物品管理区。物品管理中心内，分设普通物品管理区和贵重物品保管室
四川省成都市涉案财物管理中心	跨部门集中管理（公安机关代管）+由公检法分阶段委托第三方专业保管	保管区又细分为大件财物、高价值财物、特殊财物（内设易燃易爆物品存放区）、一般财物和涉案车辆保管区五大区域。目前，涉案枪支、弹药、毒品、生物物证、微量物证等并未纳入管理中心的服务范围
四川省成都都江堰市涉案财物管理中心	跨部门集中管理	保管区分为普通物品保管室、贵重物品保管室、涉案毒品保管室（包括没有特殊保管要求的毒品原植物、毒品半成品）、涉案枪支保管室

续表

代表性涉案财物管理中心	保管模式	涉案财物保管分类
江苏省南通市海安县刑事诉讼涉案财物管理中心	跨部门集中管理："一个总中心，下设分中心"	总中心实行分区仓储式集中保管，不包括DNA等证据。新建中心的分区：贵重物证、常规物证、大型物证、电子物证、法医物证、理化物证等保管区
北京市、区涉案财物管理中心	"3+3+3"管理体系。其中三级保管场所为市、区两级涉案财物管理中心及基层涉案财物保管室	物品保管区按照涉案财产属性不同，分别设立贵重物品区、特殊物品区、大型物品区、普通物品区、车辆停放区等。已破在审案件和未破案件的涉案财物在物品保管区分区保管

二、现有分类保管存在的问题及原因分析

（一）现有分类保管存在的问题

1.将"涉案财物"简单等同于"物品"。如石狮市涉案财物管理中心对保管物的分类（"机动车""普通物品""贵重物品"）仅体现出物品的外在特征（如质量、体积大小）和经济估价方面的区别，并不能覆盖法律意义的"涉案财物"的范围。

2.具体分类标准的逻辑不统一。如诸暨市刑事诉讼涉案财物管理中心的保管分类为：普通物证、淫秽物证、涉密物证、贵重物品物证、涉毒物证、光电磁介质物证、血样卡物证、病理组织物证、骨骼物证等。其中有的侧重"法律属性"如淫秽物证、涉密物证、涉毒物证；有的侧重经济价值如贵重物品物证；有的侧重物理材质属性如光电磁介质物证；有的侧重生物组织属性如血样卡物证、病理组织物证、骨骼物证等。另外，从

实践层面来看，管理中心还应当根据案件类型区分短期保管物品和长期保管物品。对于需要长期保管的涉案物品，管理中心可以设置专门区域进行保管。

3. 有的类别在实践中难以在总中心保管，实际被“架空”。如实际运行中，需要特殊保管的生物物证、违禁品等，因存储、保管难度要求较高，尽管在涉案财物管理中心的分类中有相应项，但目前实践中仍主要存放于公安机关刑事科学技术室或者其他特定场所。

4. 有的新管理中心建设规划的类别过于庞杂，不利于专业化分工与行业标准化保存。比如，有的准备建设法医物证保管区和理化物证保管区等，但是相关物证究竟由管理中心保管好还是由刑事技术实验保管更为合理，需要更多的调研与论证。

5. 有的分类外延有待扩大，不能容纳实践中亟待保管的“涉案财物”。比如，有保管区细分为大件财物、高价值财物、特殊财物（内设易燃易爆物品存放区）、一般财物和涉案车辆保管区五大区域。但是特殊财物仅包含“易燃易爆物品”，显然不能涵盖“特殊”的外延，诸如涉案枪支、弹药、毒品等并未纳入该管理中心的服务范围。

6. “二分法”存在一定的交叉重叠。比如，有的涉案财物管理中心从“财产性”和“证据性”两方面对相关物品进行“二分法”分类保管，但不少涉案财物确实存在兼具“财产性”和“证据性”的情况。这两种分类的交叉重叠地带究竟如何处理？确定其倾向于“财产性”抑或“证据性”，还是应当寻找第三种归类方式？

7. 打破公安司法机关保管或跨部门集中管理模式，由公检法分阶段委托第三方专业保管有一定优势，但自管和托管之间的宏观和微观分类都尚待厘定。

（二）现有分类保管存在问题的原因分析

1. 对“涉案财物”概念理解多样导致分类混乱

首先，“涉案财物”的概念在实践中理解不一。其内涵具体是什么性质，外延是包括哪些具体形式和内容的“财物”？理解不同导致保管中对财物的相应“分类”不同。

“涉案财物”虽然在各种官方文件中使用已久，但并非刑事诉讼立法或司法解释中的术语。“涉案财物”一词在法律规范中首次出现于2010年11月公安部颁布的《公安机关涉案财物管理若干规定》中。2015年伊始，两办向全国相关部门发出《关于进一步规范刑事诉讼涉案财物处置工作的意见》的要求。同年，最高人民检察院出台《人民检察院刑事诉讼涉案财物管理规定》（2010检察系统规定称之为“涉案款物”）、公安部修改发布《公安机关涉案财物管理若干规定》。有实践专家梳理后认为，“涉案财物”作为法律概念经历从“赃款赃物”的提法（也被称为“赃证物”——笔者注），到“扣押、冻结款物”的术语（也被称为“涉案款物”——笔者注），再到如今实践和规范中通用的“涉案财物”的称谓。[①]

正因为该法律概念历经多种称谓变化，本身内涵和外延模糊，各时期没有明确的法律定义，故在实践中很难统一认识。特定物品是否属于涉案财物更多需要办案人员根据主观经验判断。长期以来，人们似乎将“证据”与“涉案财物”理解成独立的两个事物。狭义化地将“涉案财物”局限于“具有经济价值的财产”，这是侧重于“财”层面的涉案财物。涉案财物虽然并不完全等同于传统意义的“证据”，但与“证据”本身有很大的重叠。在能够证明案件事实的层面论，大多数可以视为“证据”。除此之外，还

---

① 参见马杰：《刑事涉案财物及其处置研究》，中国人民大学2017年博士学位论文，第12–13页。

有“财”和“物”的属性。因此，针对不同的“物”，会出现不同的管理标准和要求。如公安机关使用的涉案财物概念，不仅包括“财”（具有经济价值的财产）、“物”（具有证据价值的物品、文件），[①]且“财”本身也有很多可作为“证据”。

总之，涉案财物概念的混乱造成了各地建设管理中心时分设不同类型保管室的混乱。比如，从上述管理中心的命名和物证保管室的设立上，可以发现多地公安机关将“涉案财物”等同于“物证”，并主要依据物证分类标准对涉案财物进行了分类，这种做法明显不妥；还有在管理中心运行中，部分物证仍继续存放于公安机关原有的“物证保管室”“刑事科学技术室”等场所，因此出现了保管场所空置的现象；有的涉案财物集中管理中心主要依据涉案财物价值高低和是否有特殊保管要求等对涉案财物进行分类，这种划分方法相对合理，但是未区分国家管理和托管的界限范围，未专门设立保管枪支、毒品等违禁品的场所等问题仍存在；还有的因日常刑事案件发案量相对较少，管理中心下保管室分类相对简单，没有实现预期的分类管理效果。

我们认为，涉案财物有实体法意义上的涉案财物和程序法意义上的涉案财物。实体法意义上的涉案财物是根据实体法判断与案件有实际关联性的财物；程序法意义上的涉案财物是根据实体法和程序法的规定进入办案程序的财物。涉案财物管理中心管理的是已经进入案件中的程序法意义上的涉案财物。实体法上涉案财物的关联性及其认定是办案人员要考虑的问题；程序法上的涉案财物管理是管理人员要面对的问题。从调研和涉案财

---

① 如《公安机关涉案财物管理若干规定》所指称的涉案财物包括违法犯罪所得及其孳息，用于实施违法犯罪行为的工具，非法持有的淫秽物品、毒品等违禁品，其他可以证明违法犯罪行为发生、违法犯罪行为情节轻重的物品和文件。

物管理的实际出发，独立统一的涉案财物管理中心管理的涉案财物应当既包括证据类，也包括财产类。从理论上讲，证据类和财产类涉案财物也许容易区分，但是在司法实践中二者并不好区分，有时一件涉案财物兼具两种属性。此外，如果证据类的设一个保管机构，财产类的设一个保管机构，还会导致重复设置、浪费资源。

2.新建的涉案财物管理中心功能定位不清、分类保管的必要性认识不足，相应分类的逻辑标准与应然定位不匹配

各地新建或计划建设的涉案财物管理中心分类保管中出现了两种极端现象：要么类别过于庞杂，要么分类不能周延涵盖刑事诉讼中常见的涉案财物种类。出现问题的根源在于对“独立统一涉案财物管理中心”建立的功能定位和分类保管的必要性认识不清。我们设计建设的功能定位在于：对涉案财物的保管，使涉案财物保值增值，进行涉案财物法律处置后的具体实施等。这些功能有着递进的逻辑，同时都需要以对涉案财物科学、合理的分类作为基础。定位的“保管”功能可以选择“一案一管”或者全部涉案财物划分类别保管。“一案一管”依然应遵循整体的分类，在每案内“按类保管”。“一案一管”其实也是一种分类，即“按案分类”。实践中通常以分案和分类相结合的方式保管涉案财物。分类完成后才能有针对性地进行不同的保值或增值管理。涉案财物的保值增值也是对物执行裁决的有力保障，由此可见分类保管的必要性与重要性。目前已有的分类逻辑标准上没有与应然的定位相匹配。过于庞杂的分类仅实现了“集中统一”而不顾保管后的效果，也脱离了应有的保值增值功效。分类的不周延则没有将管理中心“物尽其用”，令其发挥出应有的功能。

我们认为在划定保管的分类上应该充分挖掘“涉案财物”概念本身的法律内涵，厘定其外延。在法治原则指导下，严格按照现有规定的范围进

行内部分类。明确采用一种主要的标准，必要时辅之其他标准进行科学、合理分类，以达到管理中心预设的功效。

3.“涉案财物管理中心”与已有保管室，公安司法机关与外部托管物品机构的权责关系不够明晰，重复或不足建设导致分类保管不当

在涉案财物分类保管方面，存在先解决宏观分类再细化机构内部保管分类的问题。新建管理中心实践中个别保管类别被“架空”，其原因是未处理好与已有保管室的关系。在权责利分配方面，生物物证、违禁品等在国家行业标准或相关法律规定中有特殊的保管要求，且法庭中出庭作证、说明情况的责任还在侦查办案人员。一旦因保管不当导致不符合相关法律规定，证据在法庭质证中失去应有的证据效力，“集中统一保管”将得不偿失。目前实践中这些类别的物品仍主要存放于公安机关刑事科学技术室或者其他特定场所就不足为奇了。

另外，公安司法机关与外部托管物品机构的权责关系缺乏法律规范，地方试点中有必要对双方的权责利进行进一步明确限定，且在自管与托管的涉案财物范围上应予厘清划定，否则“涉案财物管理中心”就会不同程度地重复建设或建设不足，最终都会导致分类保管失当。

三、确立分类保管的价值目标与分类标准

（一）分类保管的价值目标

1.总体目标：实行“1+X”方式，实现规范化、信息化、社会化

对涉案财物分类保管应该确立总体的价值目标，即规范化、信息化、社会化。鉴于上述探讨的分类保管现状及问题，应从两个层次考虑分类。

首先，“1+X”方式，“1”是指独立统一的涉案财物管理中心，用来保管大部分的涉案财物；“X”是指中心之外依托的涉案财物保管机构和场所，用来保管特殊的涉案财物，如爆炸物、动植物、机动车等。其次，再详细探讨“1”和“X”内部各自的分类。四川省冕宁县的涉案财物管理就是“1+X”的一种探索和体现。“冕宁县首先建立起刑事诉讼涉案财物管理中心，由公检法三家共管共用。针对部分地区路途遥远，涉案物品移送成本过高或难以及时送到城区管理中心的困难，冕宁试点在距县城 3 小时以上车程的泸宁、里庄派出所分别设立了规模适宜、设施达标的存放点。同时，结合当地森林和野生动物资源丰富的实际情况，冕宁试点还设立专门的大宗木材和野生动物存放饲养点。这三个存放点成为刑事诉讼涉案财物管理体系的重要支撑。存放点只承担保管职能，没有处置权，通过信息终端将涉案物品登记录入、上网传输到管理中心，形成了信息和管理机制意义上的‘集中管理’。同时，依据相关规定，涉枪、涉爆、涉毒、危化品等特殊物品不得在存放点存放。由于特殊的自然富源，在冕宁试点的刑事涉案财物管理工作中，还经常会涉及原地查封的矿山、水电站等。针对这类难以移动而派驻人员管理又成本过高的特殊物品，冕宁试点按照‘属地管理’和‘谁主管，谁负责’的原则，由办案机关委托涉案财物所在地的乡（镇）人民政府或相关职能部门进行管理。‘N’个委托管理主体成为集中管理体系的有益补充，协助办案机关有效降低了管理和维护的成本。”①

分类保管追求的价值目标首先是规范化。规范化即要求通过建设统一的保管机构实现主体规范，运行中科学合理分类保管实现机构的功能定位，达到诉讼的有序、正当。在规范化基础上追求信息化，即充分运用现

① 殷秀峰:《边远、欠发达地区刑事诉讼涉案财物管理的实践与创新——以四川冕宁试点为例》，载《国家行政学院学报》2017年第2期。

代化网络技术手段，通过系统平台化管理，保证分类保管的涉案财物以数据化形式在办案机关和保管机构间共享。另外，“社会化”的价值目标是指公安司法机关以购买服务、委托代管或经营等方式，调动社会上有资质的主体参与，实现资源的合理配置和物尽其用及价值最大化的目标。

2.“规范化”与“信息化”：确立“1”（常规物品）由涉案财物管理中心规范化保管、引入专门保管信息平台机制

公安系统早在2008年即提出“三项建设”，要求实现警务信息化、执法规范化、警民关系和谐。[①]涉案财物分类保管中的“规范化”与“信息化”的价值目标，重点也在解决制度与软件建设问题。规范化与诉讼的秩序价值本质相同。在规范化价值指引下，应确立常规物品由涉案财物管理中心规范化保管的制度。

在大数据背景下，信息化的价值得到凸显。引入专门保管信息平台机制是涉案财物保管信息化建设的重要途径。2015年两办《关于进一步规范刑事诉讼涉案财物处置工作的意见》就明确提出“建立跨部门的地方涉案财物集中管理信息平台”的目标。据调研，有的地方已建成的公检法一体化涉案财物管理平台可将涉案财物信息由公安网流转到检察院、法院办公网，为实行“换押式”流转提供了信息系统端口。通过管理平台，检察机关可以接收、管理公安机关依法随案移送的涉案财物信息。当案件提起公诉时，相关信息随案流转至法院，法院可以通过该平台接收、管理检察机关依法随案移送的涉案财物信息。管理平台的设计实现了公检法涉案财

---

① 以公安执法规范化建设为例，其历经基础建设阶段（2008–2013年）、巩固拓展阶段（2013–016年）、深化建设阶段（2016年至今）。2016年5月20日，习近平总书记主持召开中央全面深化改革领导小组会议，审议通过了《关于深化公安执法规范化建设的意见》，标志着新阶段的启航。

物信息共享，能够确保涉案财物移送顺畅。还有多地在全省范围内由政法委筹备建设省级的政法综合信息平台，并计划将涉案财物管理功能纳入其中。为了避免重复建设、资源浪费，省内各地信息管理平台开发工作并入全省政法机关信息化建设大局之中。

信息化在涉案财物管理平台运行中得以实现，相关信息可以自动生成、灵活转换、实时共享、查询方便、交互快捷，提高涉案财物管理的专业化水平。平台可以使涉案财物相关信息自动生成、分类和汇总。今后应继续完善相关数据分类统计和动态分析功能，以帮助政法机关发现涉案财物管理在刑事诉讼各阶段可能存在的问题，为重要决策提供参考依据。

3. “社会化”：“X”（特殊物品）尝试引入“社会化”模式（第三方托管、经营等）

涉案财物管理除独立统一涉案财物管理中心外，还可引入第三方托管、经营的社会化模式。作为“X”的机构和场所可以分为两类：一类是由于涉案财物具有特殊性，需要在中心之外的特定场所保管（如危险的生化物品委托专业的公司保管，车辆委托大型停车场保管等）；另一类是由于涉案财物保值增值的需要，须在涉案财物管理中心之外委托专门的机构进行保管和经营。

区域性国际组织，以及包括大陆法系或英美法系在内的诸多国家都有第三方托管或经营的法律规定与实践。放眼世界，在刑事诉讼过程中引入非官方组织或机构对涉案财物进行专业管理，以达到财物价值的保值和增值都不罕见。比如，英国、澳大利亚、南非、法国、泰国等和一些区域性组织确立了若干专业组织或特定主体对涉嫌犯罪的资产及财物进行接收管理，不仅与刑事涉案财物保全、民事没收等制度衔接适用，而且对涉案财物本身的管理也颇具特色。

英国的对物没收程序附设“犯罪资产管理接管人”制度，具体包括“在刑事法院签发限制令后，可以指定限制财产的接管人。如在民事追缴程序中，财产接管人首先是资产管理人，可以对财产进行管理，如对资产租赁；也可以经营企业，如确定企业的偿付能力、生产管理、成本管理等；还可以进行其他概括性事项，如清偿债务、为被告提供生活费用、准备诉讼等”。①澳大利亚2002年《犯罪收益追缴法》也有对涉案财物保管、经营的具体规定，即官方托管制。如其第38条和第四章第一部分规定，“法庭在必要的时候可命令官方托管人监管与控制限制令所针对的财产，官方委托人有权获取有关财产的账册、相应的信息与证据；可采取合理措施保管指定的财产，如成为民事诉讼方当事人、确保财产被投保、处理财产、雇佣或终止雇佣企业员工或按商业标准采取合理措施维持企业的运转；可以销毁或处分财产，以及根据法院的指示行使其他权力”②等。同属英美法系的南非1998年通过《有组织犯罪防止法》确立“财产保管人”（curator bonis）制度。该法第28条、第42条都规定，“不管是在刑事没收还是民事没收中，均可为限制令所针对的财产指定财产保管人，该财产保管人可根据法庭指示进行有关财产的活动，保管指定财物，管理指定财物，如指定财产属于企业则根据相关法律维持该企业的运转。受限制令影响之人可申请撤换财产保管人”③。大陆法系国家也有类似的制度，如法国的“扣押和没收资产的管理和返还机构”（Agence de Gestion et de Recouvrement des Avoirs Saisis et Confisqués）系由该国的司法（行政）和财政部门共同监管，

① 刘文峰：《犯罪收益独立没收程序研究》，中国政法大学出版社2016年版，第206–207页。

② 吴光升：《刑事涉案财物处理程序研究》，法律出版社2018年版，第140–141页。

③ 吴光升：《刑事涉案财物处理程序研究》，法律出版社2018年版，第141页。

它对刑事诉讼中被采取扣押等措施之后的财物统一管理，不仅有保管或保全的静态管理，还有通过信托等方式“增值”化的动态运营。①另外，泰国有“资产管理局”（反洗钱办公室的一个部门）负责涉案财物被扣押后的经管。比如，可以维护财物的价值、允许原告使用、负责财物出租（以达到增值效果——笔者注）、执行资产管理的其他法规等。②

对于涉案财物保管与经营的问题，从域外立法来看，英美法系的英国、澳大利亚、南非等国分别实施的“犯罪资产管理接管人”制度、“官方托管人”制度、“财产保管人”制度基本属于官方委托非官方主体对涉案财物进行管理、经营，允许其从增值盈利中获得相关报酬。大陆法系国家也有类似的制度，但好像官方色彩更浓重一些，如法国的“扣押和没收资产的管理和返还机构”大体上属于公共行政性的组织，且受该国司法部和财政部“监管”；泰国的“资产管理局”也属于该国反洗钱工作办公室的一个部门。但从涉案财物保值增值角度而言，大陆法系国家（主要指欧盟国家——笔者注）与我国存在相同的问题，③即在如何保全资产（保值）的同时探索涉案财物价值最大化（增值）的管理方式。但值得关注的是法国的模式已经允许第三方机构以“出租”“经营”等方式管理相关的涉案财物，并且明确赋予接管者从涉案财物增值中自给自足，为被告偿债或支付其他开支等权责。

我国自2018年起有法律规范引入类似模式，体现“社会化”的价值目

---

① 参见http://www.justice.gouv.fr，2019年4月2日访问。

② 参见刘文峰：《犯罪收益独立没收程序研究》，中国政法大学出版社2016年版，第207-208页。

③ See Barbara Vettori，Tough on Criminal Wealth：Exploring the Practice of Proceeds from Crime Confiscation in the EU（Dordrecht：Springer，2006），p. 115. 转引自吴光升：《刑事涉案财物处理程序研究》，法律出版社2018年版，第140页。

标。[①]虽然相关规定各自都呈现出一定的局部适用性，如集中规范的是“经营性涉案财物”或“经营性财产”、价值目标是“保值”、具体途径包括通过政府指定或委托的方式“代管”；但对比而言，其趋势是在扩大适用对涉案财物的“社会化”管理方式。如2018年的最高人民检察院、公安部《关于公安机关办理经济犯罪案件的若干规定》中适用的案件为经济犯罪，适用的阶段为侦查阶段，适用的办案主体为公安机关；2019年最新的规定即最高人民法院、最高人民检察院、公安部、司法部《关于办理黑恶势力刑事案件中财产处置若干问题的意见》适用的案件为黑恶势力犯罪，适用的阶段扩展到了刑事诉讼主要阶段，适用的办案主体为公安司法机关（公安机关、人民检察院、人民法院），而且实现“社会化”管理的方式在表述上增加了一种“托管”。据调研，实践中有个别地方已经于2016年率先试行，引入第三方参与涉案财物管理，政府部门通过购买服务的方式，委托第三方专业机构保管涉案财物。[②]

---

① 自2018年1月1日起施行，最高人民检察院、公安部《关于公安机关办理经济犯罪案件的若干规定》第50条：“对不宜查封、扣押、冻结的经营性涉案财物，在保证侦查活动正常进行的同时，可以允许有关当事人继续合理使用，并采取必要的保值保管措施，以减少侦查办案对正常办公和合法生产经营的影响。必要时，可以申请当地政府指定有关部门或者委托有关机构代管。”另外最新的相关规定也有直接体现，如自2019年4月9日起施行的，最高人民法院、最高人民检察院、公安部、司法部《关于办理黑恶势力刑事案件中财产处置若干问题的意见》第12条第1款：“对于不宜查封、扣押、冻结的经营性财产，公安机关、人民检察院、人民法院可以申请当地政府指定有关部门或者委托有关机构代管或者托管。”

② “成都市涉案财物管理中心”没有和全国大多数地方一样仅选择公权独管模式，而是在跨部门集中管理的同时，又独辟蹊径地探索由公检法分阶段委托第三方专业保管并行的模式。其采用政府购买服务的方式，由公检法三家共同委托具有政法背景、保密资质和雄厚实力的国有平台公司——“成都市保安服务总公司”集中保管涉案财物，探索出委托第三方专业机构保管涉案财物的新模式。“成都市保安服务总公司”于1987年12月23日在成都市工商行政管理局登记成立，经营范围包括门卫、巡逻、守护、随身护卫、安全检查、安全技术防范等，目前为成都市国资委下属企业。

这种管理模式的好处在于：其一，改变了传统的重人身权利、轻财产权利的刑事司法理念，大大降低了涉案财物贬损、毁损的风险，充分保障了当事人的合法财产权益和国家财产安全，让人民群众在司法活动中有更多的获得感。其二，打破过去公检法封闭运行、包打天下的习惯做法和理念，把不擅长的涉案财物管理这类事务性工作，委托给具有专业优势的专门力量去做，切实提高涉案财物管理水平，同时厘清了政法部门办案主业的职责定位，使其将更多的精力投入案件的侦查、起诉和审判工作中来，实现了司法部门职能归位和司法人员角色归位，符合司法改革专业化发展的改革趋势。其三，从根本上减少了公安司法机关在涉案财物管理场地、人员与经费上的重复投入。①

第三方托管模式虽然能够在一定程度上保证涉案财物管理的规范性和科学性，但也有潜在问题：其一，资质问题。由受制于市场规律的企业对国家司法活动中的涉案财物进行保管，很难说是于法有据的。另外，如果某天该企业因经营不善面临倒闭，其场所内存在大量涉案财物又该如何处置，这也是我们在审视该模式时不得不思考的。其二，保密问题。许多刑事涉案财物是案件的重要物证，涉及办案秘密，虽然管理中心人员只掌握涉案财物信息，但是对于部分重大敏感等案件，管理人员可以通过新闻媒体知晓案情，那么由企业管理涉案财物就存在较大泄密风险。其三，责任问题。公检法委托企业进行管理涉案财物，本质上属于一种民事法律关系，但是一旦涉案财物在托管期间出现损毁、灭失等情形，如何保障刑事诉讼顺利进行和财物所有人的合法权益，也是我们应当思考的问题。其四，安

① 调研“成都市涉案财物管理中心”后初步统计，管理中心可以节约市本级和七个区级政法部门分散重复建设费用约1400万元，每年常态化运行费用500万元，有效避免了司法资源的重复配置。

全问题。脱离了公安司法机关监控，涉案财物存在安全风险。基于以上各种因素，目前对“社会化”可托管的具体涉案财物类型应妥当限定，且原则上应当是特殊物品。

综上，建立相对于办案机关具有一定独立性的由政府统一管理的涉案财物管理中心，并通过平台分类管理是“规范化”和“信息化”的要求。但对于某些特殊涉案财物则可考虑向社会机构购买服务，以更好地实现管理中心的功能，即体现“社会化”价值。

（二）分类保管的具体标准

我们认为，涉案财物保管的分类依据应当回归其法律概念本身，从法定的范围寻找分类的标准。如前所述，当前法律规范中使用的“涉案财物”包括具有“经济”价值的“财”和具有“证据”价值的“物”。当然这二者可能有交集。如“犯罪所得”既可能侧重“经济属性”，也会兼有“证据属性”。多数情况下比较容易区分，如赃款一般属于“种类物”，可存入特定账户后以虚拟的“数字”形式表现，即以经济性价值为重；“用于实施违法犯罪行为的工具”一般属于证据属性较强的“物”。

有必要在以上主分类基础上再确定若干辅助判断标准。从“审判中心”的视角出发，具体而言可考虑“当庭展示”的必要性（至少是“可能性”）来分类。如有论者分类为“典型物证类财物和估价类财物”[①]，前者与“定罪”联系紧密，需要当庭接受“辨认、核实、鉴定并在法庭上出示”[②]；后者与“量刑”联系更紧密，在“鉴定或估价后一般无需在法庭上出示”[③]。

---

① 葛琳：《刑事涉案财物管理制度改革》，载《国家检察官学院学报》2016年第6期。

② 葛琳：《刑事涉案财物管理制度改革》，载《国家检察官学院学报》2016年第6期。

③ 葛琳：《刑事涉案财物管理制度改革》，载《国家检察官学院学报》2016年第6期。

另外，国家法律中的禁止性规定、行业标准中的最低标准都应该成为分类考虑的因素。前者如国家保密法规定侦查中的事项，包括与案情关联的证据本身属于保密范畴；再如毒品、管制刀具等禁止流入社会携带、多次辗转的。后者如需要定期保养维护、检测的机动车等。这些可概括为是否有特殊的保管要求或需要特殊的保管条件。

从价值目标的角度考量，为了实现涉案财物的保值和增值，尤其是整体上实现价值的最大化，分类时应该斟酌和甄别。域外很多国家或地区和国际组织都对刑事涉案财物在判处前设有“财产保全”制度，并根据有利于“保全”的情况采取实际分类保管的具体措施。前文已对国际上两大法系代表性国家在刑事涉案财物保全后采取的官方委托企业或个人管理（托管、委托人制或代管制）做出简析。我国尚未确立刑事涉案财物财产保全制度，但我们更有必要在涉案财物价值最大化的层面考虑借鉴托管或委托代管、经营制度，结合已有的部分规定和地区试点，将其推广适用。在确定分类的标准时建议考虑：第一，突破现有代管或托管仅局限于“经营性财产”的范围，所有涉案财物都可在符合特定情况下考虑适用；第二，不以案件类型或罪名作为是否代管或托管涉案财物的依据；第三，公安司法机关申请政府指定，或公安司法机关具体委托的规定现阶段可以暂时保留。①具体的标准可规定为在比例原则下，为达到涉案财物的保值底线、增值价值，是否有必要通过专业的经营或管理才能实现上述目标。如果不

① 有的学者建议“统一由法院委托有关专业机构管理、经营”，参见吴光升：《刑事涉案财物处理程序研究》，法律出版社2018年版，第141页。笔者认为这种改革方向虽然符合司法审查等规律和国际社会的多数做法，但在我国尚未建立强制措施及侦查行为等司法授权、令状主义的局面下，目前保留各阶段办案机关分别委托托管的做法更利于推广适用该制度，也在时效上更便于涉案财物的保值增值。改革可以分阶段分步骤稳步推进，待到强制性措施等审批统一归于狭义的司法权（法院）决定时，再将涉案财物的托管决定也纳入司法审查的体系更具合理性和现实性。

需要特殊管理行为，一般的规范化保管就能维持现有价值，保持原物不变的，原则上应由独立统一的涉案财物管理中心负责管理；而对于通过特殊主体的专业化管理甚至经营后才能摆脱灭失、贬损等风险的涉案财物（财产），在对委托管理（代管、经营）的管理经费（包括管理报酬等人、财、物的综合成本）与获得的保值或增值的财产价值计算比较之后，仍有结余或收益的情况应当构成必要性的实际判断标准。当然，例外情况是作为证据属性特别突出的涉案财物，不能单纯通过财产利益衡量是否需要委托代管。如果诉讼需要，法庭上应保持其原始状态，而独立统一的涉案财物管理中心（或分中心）无法保持的，则也属于应当委托代管的情况。

综上，首先划定中心自管与社会化托管各自不同的涉案财物类型。对于证据属性强，与定罪关联紧密、极有可能出示于法庭，对保密程度要求高的涉案财物通常应该由新建的涉案财物管理中心保管。而经济价值高、保值性要求强，多以数量或货币价值衡量刑罚幅度、无需当庭出示，保密性要求相对一般，具有行业性特殊的保管需求甚至可通过经营管理等方式增值的，在进行比例原则与经济效益等综合权衡后，可由“社会化”托管方式保管或经营（特殊情况是唯有委托代管才能保持原物状态且诉讼必需的，可不考虑经济性收益）。另外，对于法律有禁止性、强制性等特殊规定的，诸如没有现实危险的违禁品等涉案财物的保管可以考虑在国家自管的涉案财物管理中心内部开辟专门区域。但是诸如法医类、理化类物证则可不作统一集中保管于涉案财物管理中心的要求。一方面，在建设管理中心前各地侦查机关已有刑事科学技术室，多已达到专业性的保管标准，积累了较为成熟的管理经验；另一方面，法医类、理化类物证不同于毒品、淫秽物品等某些违禁品，前者需要专业技术人员保管，对于后者则一般执法人员或辅助人员即可胜任保管工作。所以，从避免重复建设、充分利用已有资源，新建管理中心多由一般执法者或辅助人员担任日常保管者的角度看，该类法医类、理化类等物证更适宜保留在原刑事技术实验室。但这仍然属于自管的性质，甚至可以视为涉案财物管理中心的“分中心”，即广义的管理中心。至于自管和托管两类的内部其他具体分类请看以下论述。

四、对涉案财物分类保管的具体建议

（一）常规物品及具体保管分类

根据上述分析论证，我们认为对涉案财物分类保管适宜采取“1+X”的方式。常规物品称为“1”，由涉案财物管理中心统一集中保管。

1.以涉案财物属性分类

具体分类和管理中心相应的分区至少包括：普通物品仓、贵重物品仓、电子数据仓、涉密证据保管室等，并应划分单独区域存放某些没有现实危险、易于保管的违禁物品。

有两点需要特别说明：第一，违禁品保管区应视具体物品的实际保管需求而设置，管理中心设专区仅保管适宜集中、统一保管的违禁品，非全部类型的违禁品。可纳入管理中心统一保管的种类包括枪支弹药、刀具，毒品、麻醉品，淫秽物品，窃听窃照专用器材等。不宜集中统一在中心保管的特殊物品建议由社会专门机构分散保管。第二，相关区域应当具备特定的保管条件，如贵重物品仓需配备保险柜，电子数据仓需配有防消磁设施等。

2.从案件类型角度、结合保管时限分类

除了涉案财物自身的属性，还应当根据案件类型区分短、中、长期的

不同保管方式。我们一般只关注裁判之后对案件的关键证据应在管理中心继续保管，尤其是可能被判无期徒刑、死刑案件中证据属性强且关键的涉案物品往往被认为应长期妥善保管。但容易忽略的是保管中因案而异、因时限而别的梯队化分类建设。

涉案财物的保管并非意味着永久保存，有必要结合案件类型与保管时限科学划分不同期限的分类保管方式。对于作为证据性的涉案物品，即实物性证据等的保存期限值得探讨。按照人民法院系统的保存规定，即最高人民法院和国家档案局于1984年颁行的《人民法院诉讼文书立卷归档办法》对结案后归档的刑事赃证物留存时限最少为15年。另外，最高人民法院1964年《关于刑事案件中证物保管问题的批复》同样规定“刑事案件中的证物，如凶器、血衣、妇女被奸污后流有精液的衣、裤等，应当开列清单附卷，并在证物上粘贴标签，注明年度、档案，另放一处妥善保管，至少保存十五年，以后如认为没有必要保存时，可造具清册，经院领导批准后销毁”。如果按照现行跨机关统一管理机构长期甚至永久保存的模式，终有一日涉案物品的保管将再现“难以为继”的饱和窘态。比如，调研中发现石狮市、诸暨市虽然已建成涉案财物管理中心，但相关物品仍存在大量积压的问题，原因之一即两单位并未详细制定相关规章制度加强对部分涉案财物的返还、销毁等工作，更未涉及保管时效制度。我们担心将来的涉案财物统一管理中心“只进不出”、越积越多，应当考虑出口、处置等问题。目前可设置保管期限以解决。

我们建议设立保管时效制度，具体内容包括：对违法犯罪嫌疑人长期未抓获、案件未侦查终结的，涉案财物应当依法长期保管。不宜保存的应当通过拍照、录像等方式固定证据。已经作出生效裁判的案件，单一犯罪被判处5年以下有期徒刑的，裁判生效后证据至少再保存2年；单一犯罪被判处5年以上（包含5年）有期徒刑至10年以下有期徒刑的，裁判生效后证据至少再保存5年；单一犯罪被判处10年（包含10年）有期徒刑以上刑罚的，裁判生效后证据至少再保存15年。证据过了保存期限以后，需要经过严格的审批程序决定销毁或者继续保存。①

如此建议的理由及补充说明主要为：②第一，最高人民法院、国家档案局1984年颁发的《关于人民法院诉讼档案保管期限的规定》没有严格执行，有地方法院甚至作出了保存5年的规定。因而我们从实践出发建议的几档保管期限更有可行性。第二，对判处死刑的案件没有特殊化规定，因为命案本身并不是理由。在我国，死刑案件经过死刑复核程序以后很快就会执行，不像美国那样从判决到执行会经过漫长的时间。已经被执行死刑的案件和其他判处重刑的案件在纠错上并无本质区别。在已纠错的命案中发现，有些命案由于证据存在问题，当初就判决10年以上的“留有余地”的非死刑。就纠错而言，这类判决保存证据的意义更大。第三，保存期满后并非马上销毁证据。建议保存期限中最长为15年。中外冤错案件超过15年才得以纠正的不在少数。证据类涉案财物保存期满后，并不是马上被销毁，而是要经过严格的销毁程序，以保证错案的证据能够继续保存。

综上，结合建议设立的保管时限制度，区分案件类型和相应保管需求，建设不同的时效分区，实现短、中、长期等不同分类保管方式。

3.管理中心之外的专门机关自管

至于特殊检材，即法医、理化类物证正如前述理由，更宜由侦查部门

① 参见李玉华等：《非自愿口供替代系统化研究》，中国人民公安大学出版社2015年版，第94页。

② 理由部分参见李玉华等：《非自愿口供替代系统化研究》，中国人民公安大学出版社2015年版，第94–95页。

的刑事科学技术室保管。但对保管条件、场所等有其他特殊要求的，“无需”或“不宜”集中在管理中心保管的属于“特殊物品”（“X”），并且满足前述判断标准的，应当考虑通过外部托管或经营等方式实现管理。

（二）特殊物品及其具体分类（“X”）

有学者建议在涉案财物管理领域，尤其在涉众型经济犯罪的涉案财物管理中应建立先期处置的制度，且对先期处置的应然范围归纳并作出如下建议：“第一，易腐烂变质的物品；第二，易贬值的物品，如车辆、游艇、高档香烟、烟花爆竹、快到保质期的商品等；第三，有期限的合同、即将到期的债券等；第四，价格波动大的股票、房产等；第五，数量巨大、保管不便的物品，如办公设备、假冒商品、盗伐的木材等；第六，需要饲养的动物、植物。但是，对于金银珠宝、名贵字画、价格稳定的房产等一般不要先期处置。”①

先期处置，也称先行处置，与托管、经营的关系非常紧密。一般而言，托管、经营的涉案财物很多都有先期处置的必要，因而在托管、经营等过程中，由接受委托方寻找最佳的先期处置时间，适时完成先期处置，从而达到涉案财物的保值和增值。其实，关键在于如何理解“先期处置”。如果从涉案财物实体上的所有权及相关收益一并转移等情况理解，则一般需待到法院审判阶段才能作出。因在审前各种规则与程序限制，尤其是“无罪推定”理论的适用，除了出罪处理终结诉讼，审前往往不能完全作出实体性的“先期处置”。但程序性的“先期处置”适用的空间较大，如“拍卖、变卖等，只是出于对涉案财物保值或增值的目的而改变其存在的形

① 李玉华：《从涉众型经济犯罪案件看涉案财物的先期处置》，载《当代法学》2019年第2期。

式（如有实物变为现金），仍旧在案存放，并不改变其所有和持有”[①]。如果从更广泛的角度理解“先期处置”，可能还包括除了上述两类（实体、程序性处置）之外的情况，如一直使涉案财物保持原状，并从中取得孳息或者利用其取得收益的情况（出租、经营等）。不可否认，托管、经营的涉案财物还有这种第三类“先期处置”的情况。所以，原则上对于有必要进行程序性先期处置的涉案财物可以考虑委托外部的专门管理者予以管理并适时先期处置。同时，对于外部托管经营的涉案财物范围可再结合第三类“先期处置”灵活扩展或调整。

第一类，即大型或数量多的物品，如适宜委托专业保养机动车的第三方，租用特定扣车场所保管车辆等大型物品。我们在对国内的涉案财物管理改革试点调研中发现已有先例，成都市对涉案车辆引入4S店进行维护保养，每周打火、每月清洗、每三个月保养，普通汽车每辆车一年的保养费在2000元左右。对比涉案车辆在终审后因一直没有专业保养而几近废铁丧失价值的窘境，托管方式的保养费等支出显然是值得的。同理对数量较大的财物（如批量的假冒伪劣物品等）适宜委托专业仓库或场所保管。但具体要看假冒伪劣物品的组成，有可能在托管过程中结合先期处置制度予以处理。对于劣质物品、没有使用价值的，最终往往会销毁。若其保管成本过高，建议经过法院批准后，对相关劣质物品抽样提取保存，其他大量的物品在办案机关拍照录像等方式固定证据后，可由有关部门先行销毁。对于单纯是假冒物品但尚有一般使用价值的，建议选择价值最优的方案处理。如果在终审后集中销毁假冒物品，可能会有大量残余价值浪费。目前销毁的经费投入比较大，如调研中某地在2016—2017年销毁的经费在20

① 李玉华：《从涉众型经济犯罪案件看涉案财物的先期处置》，载《当代法学》2019年第2期。

万元左右，在财政局的监管下一般由公安机关实施。对假冒商品的销毁成本大，甚至有浪费资源、没能物尽其用之嫌。如何处理这类物品值得探讨。如果可在征求版权方的同意（或进行相应技术处理）后以捐赠方式扶贫济困等也许更有利于发挥物的价值，但需通过制度严格规范；同时在诉讼中对此大量有使用价值的假冒物品仍应通过托管方式由外部机构予以保管。

第二类，违禁品中的以下特殊物品，包括易燃、易爆、易腐蚀的，有毒、有害、放射性的，易腐烂的物品、各种鲜活物等应存放在符合条件的专门场所，另寻有资质的组织或单位代为专业化保管。

第三类，限制财产权会影响合法生产经营及扭亏为盈或者影响相关权利人取得收益的，可委托适格单位或允许相关个人经营管理涉案财物，以实现保值增值的功效。此类情况又有两种典型表现：其一，对于“经营性”涉案财物或资产原则上应当采取申请政府指定经管或者办案机关委托管理或经营的方式处理，特殊情况下也可允许本案相关人员继续合理使用。所谓“经营性”涉案财物或资产是指相关权利人使用该财物或资产本身为了营利，且该财物或资产实际能给权利人带来收益。实践中公司企业的生产经营设施设备，如各种办公用品、运输工具、机器厂房等都可能具备“经营性”特征。在考虑采取相关强制性措施时，通常不宜直接就地查封或扣押到办案部门，而是应该以充分发挥该种涉案财物可对经营产生的最大化的经济价值为目的。具体而言可以通过三种途径实现，即办案机关申请政府指定合适的单位对相关涉案财物、资产整体性接管；办案机关委托相关适格主体进行管理、经营；办案机关视具体情况允许本案被追诉者或相关权利人继续合理使用。前两种都是“社会化”的体现，后一种是特殊情况下“社会化”的变通，如涉嫌涉众型经济犯罪案件的犯罪嫌疑人以“自救”的方式继续合法生产经营以增加退赔被害人损失的实际经济实力。但三者的价值目标都是相通的，即实现对涉案财物的保值与增值。其二，“有期限正在履行的租赁合同中的涉案财物。比如，被追诉人用于犯罪活动而租赁的厂房、办公用房、住房、车辆等，被追诉人通过签订租赁合同取得一定期限的使用权，但是，由于涉案被羁押无法再支付租金，上述场所、车辆又被查封，产权人无法再行转租他人，其收益权就会受到侵害。而且，被追诉人在租赁期满前不能再进行经营活动，无法获得收益，其赔偿被害人的能力也会减弱，被害人的权利也会受到损害”[①]。这种情况属于相关的经营性涉案财物或资产为承租性的，尚在履行的合同期内。有两种方案可解决相关财产权受限的情况：办案机关组织协调双方对合同及时解除作为先行处置的内容；或者在产权人同意、原租赁双方都认可的情况下，由办案机关委托第三方合适的主体接手，即转承租与经管。前者的解决方案可能未必起到积极有效的保值增值作用，尤其是对本案的被指控方与被害方而言，不能通过在案的涉案财物发挥保值增值的效果达到双方利益的增长；后者的解决方案与前述经营性涉案财物或资产的“社会化”运营或“自救”的方式类似，可以达到多方利益的共赢。

以上由“社会化”托管或经营等方式管理涉案财物的，一般可结合适用先期处置的制度。实践中除了对生鲜物有个别先行变现处置的，其他类型的罕有先例。具体条件和规则有待法律细化。[②]

最后，涉案财物的种类繁杂，以上分类也许不能包含所有特例。制定规则时可作兜底条款，规定其他法律规范另有特殊要求的除外。比如，对珍贵文物、珍贵动物及其制品，珍稀植物及其制品，有关保护法可能要求及时移交文物主管部门或林业部门保管；有地方刑侦内部规定可能要求将

---

① 李玉华：《从涉众型经济犯罪案件看涉案财物的先期处置》，载《当代法学》2019年第2期。

② 对此问题的更多探讨与立法建议，参见李玉华：《从涉众型经济犯罪案件看涉案财物的先期处置》，载《当代法学》2019年第2期。

毒品和制毒原料或者配剂、管制药品移交市局禁毒部门等。

上述建议的接受委托代管、经营的一方之权利、义务、责任应由法律明确规定。作为法人（公司、企业等）或自然人（具有特定资质）的权利包括为管理、经营相关的涉案财产、财物进行一般的占有、按委托合同约定的使用及按约定比例的收益、有限处分等支配性权利。义务包括接受委托的管理或经营行为者应当按照所属的行业标准或一般的市场行情，尽到勤勉义务、注意义务、保值义务等商业性的底线要求；当涉及涉案财物或财产的重大处分事项时应当按照委托合同的约定而积极履行相应的报备甚至报批义务。责任包括不履行委托合同义务或不遵守相应规定须承担的违约责任或法定后果，因过错或特定情况（约定或法定）的无过错而对涉案财物的价值造成损害的赔偿责任等。

第六章　独立统一涉案财物管理信息平台的建设①

为适应涉案财物数量、种类和价值的发展趋势，实现涉案财物的依法规范管理，必须依靠信息技术。独立统一涉案财物管理中心新模式的实现有赖于独立统一的涉案财物管理信息平台的建立，以及物联网、云计算、大数据等先进信息技术的运用。建立独立统一的涉案财物管理信息平台，首先要打通公检法部门之间的信息壁垒，实现跨部门之间网络的互联互通以及信息的共享共用。在公检法机关原有的、独立的、全国联网的公安专网、检察院专网、法院专网的基础上，依托"政法机关信息共享平台"的建设，目前，在"国家大数据战略"以及司法改革建立"智慧公安""智慧检务""智慧法院"的大背景下，公检法机关在继续推进"跨部门大数据办案平台"的建设。在公检法内网系统联通融合的基础上，涉案财物管理还可以进一步探索在外网系统的联通与信息数据的交换共享。跨部门之间平台、信息的深入融合，为涉案财物信息管理平台的实现奠定了现实基础。

2015年，两办提出"探索建立跨部门的地方涉案财物集中管理信息平台"的要求，公检法机关分别将"涉案财物集中管理信息平台建设"纳入司法改革的具体措施。调研了解到，北京现已率先建立了省级涉案财物集中管理信息平台，广东省深圳市、四川省成都市等地建立了（设区）市级

---

① 本部分作者为马杰、伍俊。

涉案财物集中管理信息平台，深圳市宝安区、浙江省诸暨市等地业已建立区/县级涉案财物集中管理信息平台。目前，各地司法实务部门对涉案财物管理信息化的有益探索，积累了一些经验，但也存在标准不统一、发展不平衡、各自为政等问题。因此，有必要对独立统一涉案财物管理信息平台建设问题进行系统设计与论证。

一、独立统一涉案财物管理信息平台的重要意义

当前，物联网、云计算、大数据等现代科技信息技术不仅广泛应用于人类的生活、生产，而且普遍融入司法领域，信息化大大助推了司法制度改革的步伐。近年来，信息化的实践表明，信息化是规范执法办案、提高执法效率、节约司法资源的重要手段。同样地，将信息化运用到独立统一涉案财物管理中心建设，建立跨部门的涉案财物集中管理信息平台，不仅有助于对涉案财物进行系统、规范、高效管理，以及对涉案财物信息进行采集、共享、分析和运用，而且有助于对涉案财物管理进行流程管控和透明监督。

（一）智能运行，提高管理效率

涉案财物管理信息平台是一个集成、开放、智能的系统。平台内部集成公检法等机关不同办案系统相应的涉案财物管理模块，实现了跨部门涉案财物的集约化、统一化、信息化、网络化、智能化管理。同时，平台外部还与其他办案系统的功能模块互联互通，满足不同的办案需求，提高整个执法办案系统的智能化水平。

具体而言，涉案财物集中管理信息平台有以下特点：一是集约化管理，避免涉案财物跨部门随案移送的实物流转，通过涉案财物管理信息平台的手续流转，提高涉案财物流转环节的司法效率。二是统一化管理，建

立某一区域内跨部门的统一涉案财物集中管理信息平台，实现了同一地域内不同层级、不同部门之间涉案财物管理制度、标准的统一。三是信息化管理，对涉案财物的数量、特征、流转、处置等信息采集、共享、分析和运用，不仅能满足涉案财物管理的功能需求，提高涉案财物管理效率，而且能扩展执法办案系统的功能，为执法办案提供决策依据。四是网络化管理，涉案财物集中管理信息平台联通了公检法等不同办案机关之间的专门网络，实现了远程示证等功能，提高证据调取、查验、质证等环节的司法效率。五是智能化管理，物联网、大数据、云计算等技术的运用，实现了涉案财物的识别、检索、定位、通知、报警、巡查、盘库等功能，提高了涉案财物管理的智能化水平；同时，与不同部门之间网络的互联互通，以及数据信息的交换共享，运用数据仓库、数据挖掘、专家系统等智能技术，能够提高整个执法办案的智能化水平。

（二）透明公开，实现规范管理

涉案财物不仅具有证据属性，而且具有财产属性，处置涉案财物往往涉及案件当事人的财产权益。因此，管理和处置涉案财物天然具有滋生司法腐败的高风险。在传统人工管理模式下，涉案财物往往处于不透明的管控之中，如涉案财物的法律文书手续装订在办案人员自己保管掌握的案卷中，财物信息登记本锁在保管人员的抽屉里，扣押的财物一般保管在封闭的室内，外部人员难以知晓涉案财物的具体情况信息。即便有上级检查、审计等监督措施，这些人工模式下的监督措施仍具有阶段性、局部性、事后性的不足，不能实现全面的监督制约，存在很大的管理漏洞，给办案机关、办案人员，以及涉案财物管理人员留有很大的“暗箱操作”空间。近年来媒体曝光的涉案财物被私自侵占、挪用或者丢失等案例也说明了这一点。

涉案财物集中管理信息平台具有透明性、全程性、实时性、留痕性等特点。一是透明性，涉案财物集中管理信息平台按照统一、公开的涉案财物管理制度进行设计运行，而且在管理过程中，涉案财物的管理信息公开透明，可以进行实时查询、检索。二是全程性，涉案财物管理中心对涉案财物入库、移交、调用、出库、处置进行全流程监管，从流进到流出，形成了完整的管理闭环，确保涉案财物来源和去向明确、流转及时。三是实时性，平台采取信息化和智能化管理技术，确保了涉案财物信息、状态的动态、实时查询、监管，同时对管理中的异常情形进行实时预警和通知。四是留痕性，涉案财物的管理采取线上和线下同步管理的模式，线下的监控设备，对涉案财物实物进行留痕记录，线上的管理程序，对涉案财物信息进行留痕记录，便于涉案财物管理的倒查、监管，防止涉案财物管理与处置的“暗箱操作”。

总之，透明、阳光是最好的防腐剂，信息化促使涉案财物的管理与处置从“暗箱操作”转为“阳光作业”。建立涉案财物集中管理信息平台，运用信息化、智能化技术，对涉案财物进行全程规范、全程管理、全程监督，为不同环节、不同部门厘清了程序内容与权力边界，甚至让犯罪嫌疑人、被告人有机会了解被扣押财物的信息和状况，进一步规范了涉案财物管理，实现全流程阳光透明，为权力套上“金箍”，有效防止办案机关的利益之争，压缩了涉案财物管理的自由裁量空间，堵塞了权力寻租漏洞，防止出现涉案财物的侵占、挪用、贪污、损毁的现象。

（三）流程管控，利于互相监督

涉案财物的管理不仅要强调规范管理，还应当强化管理监督。涉案财物流转效率低、处置不顺畅，是涉案财物管理的另一重要问题。究其原因主要是涉案财物管理分散，公检法等办案机关之间相互独立、信息不畅，缺少统一的流程监管手段。办案机关不能及时获取法院的判决文书，也不能及时依据判决书对涉案财物做出处理，对应当返还、没收、拍卖、收缴、销毁的涉案财物怠于处置，任其存放积压。

建立涉案财物集中管理信息平台，通过对涉案财物进行集中管理，以及对跨部门的网络、系统进行互联互通，数据信息共享交换，有利于涉案财物的高效流转与流程管控：一是线上手续流转代替线下实物流转。公检法等机关办案人员与涉案财物管理人员可以利用平台的查询、通知、提醒等功能，及时处置涉案财物，避免出现流转环节滞留长、环节多、信息不通、处置不畅等问题。二是公检法机关之间涉案财物管理系统的互联互通和信息数据的交换共享。公检法机关跨部门之间与上下级之间可以利用平台查询、统计、巡查、定位等功能，实时对涉案财物进行流程监管，确保在侦查、起诉和审判等各个阶段，涉案财物的入库、移交、调用、处置规范、及时。三是信息化的平台建设有利于公检法等跨部门之间互相监督以及同一部门的上级机关对下级机关的监督。公检法等机关负责各自主办案阶段内涉案财物的线上手续流转，前一阶段的办案机关监督后一机关是否将线上手续流转的涉案财物进行了规范化的流转和处理；后一阶段的办案机关及时催促前一机关进行涉案财物的线上手续流转，监督和审查线上手续流转是否规范、是否存在遗漏，实现线上手续流转与案件同时移送的目的。此外，同一部门的上级机关通过涉案财物管理系统监督下级机关进行涉案财物线上手续流转的规范性、完整性和及时性。

二、独立统一涉案财物管理信息平台的建设原则

信息化在推广应用过程中，如果“一哄而上”，盲目建设，极有可能出现重复建设、无效建设，甚至形成信息“孤岛”，反而阻碍信息共享，

降低工作效率。因此，在涉案财物集中管理信息化平台的建设中，应当坚持如下原则，确保平台建设的规范、经济和高效。

（一）统一原则

在案件处理过程中，相关部门之间既需要分工负责，又需要紧密合作。在传统的涉案财物管理模式下，公检法机关不同办案部门对涉案财物进行独自、分散管理。在早期的信息化过程中，各部门自行设计建设，形成独立的信息化办案平台或系统，虽然促进了本部门的信息化建设，但也无形中形成了自我封闭的信息“孤岛”。近年来执法办案信息化建设的实践表明，信息“孤岛”严重妨碍了部门之间的协同合作，阻碍了信息化的深化应用。因此，急需打破信息“孤岛”现象，建立跨部门的系统互联互通和信息交换共享。

涉案财物管理是涉及公安机关、检察院、法院、财政部门等多个部门，涉及侦查、起诉、审判等多个阶段，涉及查封、扣押、冻结、质证、退赔、返还、先期处置、上缴国库等多个环节的一项系统工程。要确保涉案财物管理、处置的规范、高效，应当针对不同部门、不同业务流程，建立一个统一管理规范、统一数据标准的涉案财物集中管理信息平台，为不同部门提供涉案财物管理流程实时衔接及涉案财物管理信息的实时交换共享。

涉案财物集中管理信息平台建设，涉及众多的关键技术，如系统体系结构、计算机网络、数据库、各类数据处理技术等。统一的管理规范和统一的数据标准是涉案财物集中管理信息平台的重要基础，是实现公检法机关不同办案系统之间共享互联交互的重要前提，也是确保平台的灵活性、扩展性和可持续性的重要保障。因此，目前我国多地都在开展涉案财物集中管理信息平台的研究和建设过程中，必须坚持统一原则，注意加强相应的标准化工作。

（二）独立原则

独立统一的涉案财物管理中心的“独立”，是指将涉案财物的管理权从办案机关中抽离，建立由政府管理的专门的涉案财物管理场所，实现“管办分离”。

同样，在涉案财物集中管理信息平台的建设过程中，既要体现“统一”原则，实现系统的互联互通、信息的交换共享、统一的管理制度和数据标准；也要体现“独立”原则，在公检法机关原有的办案系统之外，建立相对独立的涉案财物集中管理信息平台，专门对涉案财物进行全流程管理。因此，涉案财物管理信息平台的建设应当在整个案件处理流程框架下规划设计，纳入整体案件管理信息化建设之中，同时，考虑到涉案财物管理和处置流程的相对独立性，在规划建设中，要设置相对独立的管理模块。

（三）服务原则

信息化是人们实现生活、工作便利高效规范的重要服务手段。信息技术和管理制度是双齿轮，管理制度的进步会带动信息技术的进步，信息技术的进步会倒逼管理制度的进步。但是信息化始终是为人们从事和管理社会事务服务的。

涉案财物集中管理信息平台的建立能够倒逼涉案财物管理工作流程的规范化、标准化，但是，信息平台始终是为涉案财物规范管理服务的。因此，在信息平台建设中，要坚持服务原则，紧紧围绕涉案财物管理的需求，以规范、高效、实用、便捷为目标，而不能本末倒置，为信息化而信息化。具体来说，首先，要充分调研，明确需求。在系统建设前，应当以实际需求为导向，事前进行充分调研、论证，全面掌握当地公检法等办案部门涉案财物管理实际现状，找准问题所在，明确法定的流程标准，科学预测未来发展方向。其次，要制定方案，广泛征求意见。按照调研需求，制定设计方案，并广泛征求将来实际应用部门及其人员的意见，进行反复论证，力求方案完善。最后，要试用运行，不断完善。平台建设完成后，要试运行一段时间，在此期间，要经常深入走访实际应用人员，收集使用体验，征求修改意见，不断完善涉案财物管理的业务需求框架。

（四）效率原则

信息化是采取科技信息手段替代传统手工操作，以提高工作效率。如果信息化平台或系统操作烦琐，不仅不能提高工作效率，反而会增加工作量，其应用则缺乏“生命力”，必然被用户抵触，弃之不用。因此，在建设涉案财物集中管理信息平台的过程中，效率是应当坚持的重要原则，其包含了实用性与便捷性的内在要求。实现效率原则的具体要求如下。

一是要建立统一、明确、具体的涉案财物管理制度和管理标准。制度的标准化有利于提高涉案财物在不同部门之间的流转效率，有利于上下级机关之间、不同部门之间的监管效率。明确、具体的管理制度，有利于办案部门及其办案人员、涉案财物管理中心及其管理人员厘清工作职责分工，避免因职责不清，造成推诿、重复劳动，影响涉案财物管理效率。

二是要完善衔接机制，打通公检法等办案机关之间的信息传输共享通道，避免重复录入，实现涉案财物管理全流程的信息实时共享。目前，公检法等办案机关都有各自专门的办案系统，涉案财物集中管理信息平台不能自我封闭、自成一体，应当与原有办案系统平台进行对接，实现互联互通、信息共享。这样，既能避免重复录入，也能使涉案财物管理信息数据与其他信息充分融合，发挥更深远的效用，提高整个执法办案的效率。

三是要以服务一线办案人员、管理人员为宗旨，设计出直观、简便的操作程序。涉案财物数量大，给办案人员与涉案财物管理人员带来巨大的工作压力。因此，在信息平台的设计建设中，在确保管理规范的前提下，应当最大限度地服务一线办案和管理工作，设计易于理解、易于操作的程序。比如，在扣押涉案财物时，法律要求办案人员在现场办理扣押相关法律手续，那么，在信息平台设计中，就要考虑设计通过移动设备（如警用PDA）在现场即可录入涉案财物信息，并自动形成扣押清单等法律文书的程序和功能。

（五）统筹原则

涉案财物集中管理信息平台的建设是一项系统工程，涉及不同区域、不同部门，需要投入巨大的人力、财力和物力。在平台的探索、研究、设计的过程中，应当考虑各地的实际需求和条件差异，先行先试，统一部署，按需进行，避免盲目建设、重复建设，造成不必要的经济浪费。具体而言，统筹原则的具体要求如下。

一是先行先试，稳步推广。涉案财物集中管理信息化建设是一个已经起步、正在探索的事业，在理论、实践中也难免会面临一些亟待解决的难题。灵活采取先行先试的方式，积极探索，积累经验，稳步推广，有利于减少盲目建设造成的时间经济成本。

二是统一部署，多方共建。涉案财物管理纵向涉及市、县/区和基层科所队，横向涉及公、检、法、财等部门，以及物价鉴定、拍卖机构等，涉案财物集中管理信息平台建设需要顶层设计，打通横、纵向通道，协调各方，调动各方积极性，发挥各方力量，通力合作，建立统一规划、统一标准、统一平台，实现涉案财物管理的数据信息共享与系统互联互通。

三是兼顾差异，按需建设。在建设涉案财物集中管理信息平台的过程中，在遵循统一规划、统筹部署的前提下，还应当兼顾不同地区的实际需求、现实基础和地域特点，进行创造性的研究和开发，建立适应于当地的涉案财物集中管理信息平台，实现节省投资和提高效益的目标。如果盲目追求、一蹴而就、全盘上马，犯“拿来主义”的错误，不仅不利于信息化优势的发挥，还可能阻碍信息化建设的发展。因此，在制定合理的信息化建设整体规划的基础上，可以采取部分地区先行先试，兼顾各地实际，按需建设，分步推进辖区的信息平台整体建设。

三、独立统一跨部门涉案财物管理信息平台建设的基本内容

独立统一的涉案财物管理中心负责对监察机关、公安机关、国家安全机关、检察机关、人民法院、监狱和其他行政机关在办案过程中查封、扣押、冻结、提取、接收的与案件有关的财物，以及对犯罪嫌疑人、被告人的随身物品及拾得物进行集中统一管理。公检法等办案机关及涉案财物管理部门（包含办案机关的涉案财物保管室、受托管理涉案财物的相关部门或社会机构）通过涉案财物集中管理信息平台对涉案财物进行管理。下面以刑事诉讼涉案财物为例讨论一下涉案财物集中管理信息平台建设的基本内容。

（一）平台系统构成

1. 平台之间的关系

跨部门涉案财物管理平台支持公、检、法、财等部门使用各自内部业务系统处置涉案财物，中心平台采用星形连接方式与其他部门的相关平台进行通信连接，如图6–1所示。

涉案财物管理平台通过与公安机关办案平台的连接，获取财物所关联的案件信息和公安机关对财物的处置结果反馈等信息。人民检察院使用全国检察机关统一业务应用系统处置财物，与涉案财物管理平台采用程序和文件等多种接口形式。人民法院使用法院综合业务系统处置财物，与涉案财物管理平台采用程序和文件等多种接口形式。各部门统一通过数据交换

系统对案件及涉案财物进行数据交换。跨部门涉案财物管理平台还可以延伸支持与其他行政机关案件办理平台进行对接，如对包括城管、海关等不同部门的涉案财物进行保管、流转和处置等不同环节的技术支持。

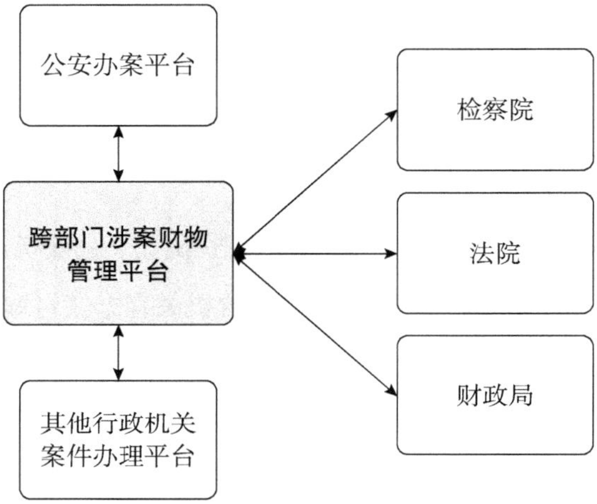

图6-1　平台对接示意图

2. 硬件

跨部门涉案财物管理平台的硬件部分主要包括七大类：服务器及网络基础设备、RFID设备、自动仓设备、人工功能仓设备、安全防范设备、动环监测设备、数据分析展示设备等。如图6-2所示。

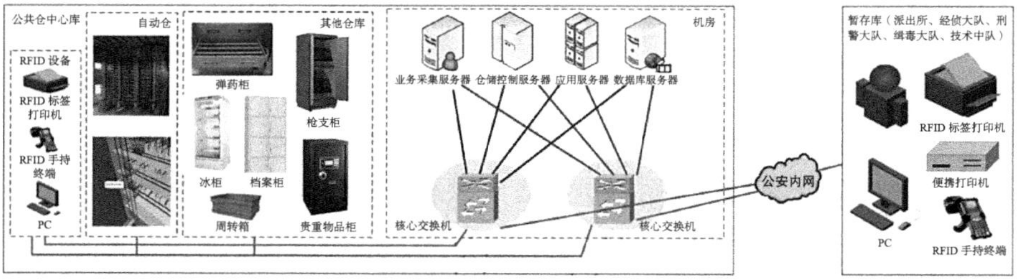

图6-2　跨部门涉案财物管理平台硬件

（1）服务器及网络设备。该部分设备主要解决平台应用的计算能力、存储能力、智能仓的控制能力、平台网络通信能力以及系统运行的基础电源保障能力等问题，包括各项业务应用服务器、APP服务器、数据库服务器、存储阵列柜、智能仓控制服务器、网络交换机、无线AP、UPS等。

（2）RFID设备。该部分设备主要解决物品的识别、存放监管及出入仓的控制管理等，包括固定式RFID读写器、手持式RFID智能读写终端、标签打印机、RFID标签、便携打印机等。

（3）自动仓设备。该部分设备主要解决标准化涉案财物的自动化仓库存放，主要包括往复式提升机、穿梭车、输送机、堆垛机、滑触线、换轨装置、货架、顶升机、电气控制系统等。

（4）人工功能仓设备。该部分设备主要解决各种大宗及特殊类型的涉案财物存放管理，主要包括周转箱、密集档案柜、货架、枪支柜、弹药柜、冰柜、贵重物品保险柜、防磁柜等。

（5）安全防范设备。该部分设备主要解决涉案财物管理保管仓的安全防范管理，主要包括人脸识别门禁、闸口、电子围栏、视频监控、报警设备、指纹锁等。

（6）动环监测设备。该部分设备主要解决保管仓的环境监测管理，主要包括温湿度监测传感器、烟雾传感器、气体监测传感器、振动传感器、UPS监测、配电监测等。

（7）数据分析展示设备。该部分设备主要解决平台运行的各类涉案财物及系统数据分析展示，主要包括大屏设备、显示器、投影仪、3D成像仪等。

3.软件

跨部门涉案财物管理平台的应用软件包括六大子系统：涉案财物流转管理软件子系统、现场数据查勘采集软件子系统、智能化仓管软件子系统、应用支撑软件子系统、接口软件子系统、数据管理软件子系统。

（1）涉案财物流转管理软件子系统。主要负责涉案财物流转时的信息登记、审批、查询、回溯、监控等操作，确保物品随时处于可控状态，同时保证物品流转流程符合相应的法律程序规范。当涉案财物随案移交，即在公检法内部流转时，做到“实物不动，凭证流转，责任转移”。包括成员工作台管理模块、涉案财物信息管理模块、流程审核及监控模块、财物处置管理模块、流转暂存及中心管理模块、流转统计及配置模块。

（2）现场数据查勘采集软件子系统。主要负责涉案财物扣押现场的信息采集管理，使当场扣押环节更加规范化、现场扣押环节的文件电子化，提高办案民警的工作效率，包括扣押APP模块、现场勘察采集后台管理模块。

（3）智能化仓管软件子系统。主要负责涉案财物保管仓库的信息化、智能化、安全性管理，同时围绕财物的出入及远程调取查看等进行管理，包括远程示证模块、多维分库管理模块、出入库业务对接管理模块、仓储信息管理模块、智能RFID管理模块、仓储控制模块、安全防范模块、动环监测模块等。

（4）应用支撑软件子系统。主要负责平台基础能力支撑软件的集成管理，主要包括工作流引擎模块、报表引擎模块、统一身份认证模块、人脸识别引擎模块、消息引擎模块等。

（5）接口软件子系统。负责平台内部间及与外部各主要部门的案件信息化系统的对接管理，主要包括公安办案系统业务接口模块、检察院案件管理系统接口模块、法院业务接口模块、财政业务接口模块、硬件设备API接口模块等。

（6）数据管理软件子系统。负责对涉案财物所有数据进行分类存储、管理、汇总、统计、分析应用，为物证管理提供数据支撑与服务，主要包括数据接入管理模块、数据处理模块、数据分析模块、数据存储管理模块等。

4.跨部门软件功能结构

各部门之间通过统一的跨部门涉案财物管理平台以程序接口及文件形式对案件及涉案财物信息进行交换。跨部门各系统软件功能如图6–3所示。

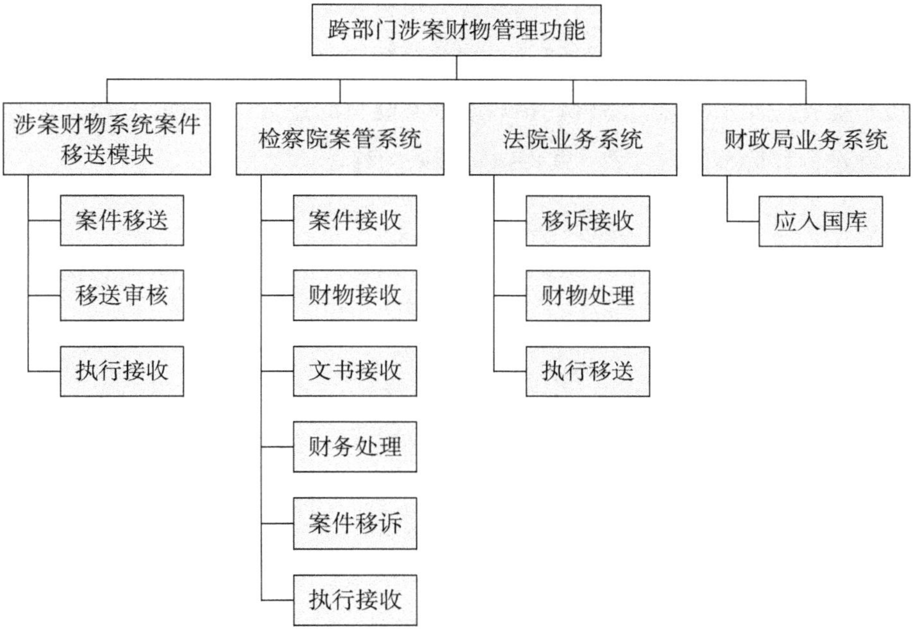

图6–3　跨部门涉案财物管理功能

5.软件体系结构

跨部门涉案财物管理平台软件体系结构按照五层进行构建，分别为数据层、接口层、应用支撑层、应用层、访问层。如图6–4所示。

数据层：支持各部门涉案财物相关数据的处理、分析、存储与备份等。

接口层：支持与外部不同部门平台及内部各系统以SOA等业务规范接口进行业务数据交换和通信控制等一系列功能。

应用支撑层：通过一系列的软件支撑组件，提供业务应用从身份统一认证到工作流引擎及AI引擎等的多方面技术支持。

应用层：对涉案财物管理在扣押、流转、保管等诸多环节提供业务查询、使用、监管、统计分析等多种功能。

访问层：通过B/S、APP等多种访问手段，实现涉案财物在各个不同环节的管理入口，同时支持跨部门的涉案财物管理访问，包括公安机关在原办案系统中进行相关的案件移送与案件执行接收等操作，检察院在其原有统一业务应用系统进行案件的接收及涉案财物的处置，法院在其原有业务系统进行移诉案件的接收、案件执行结果的移送。

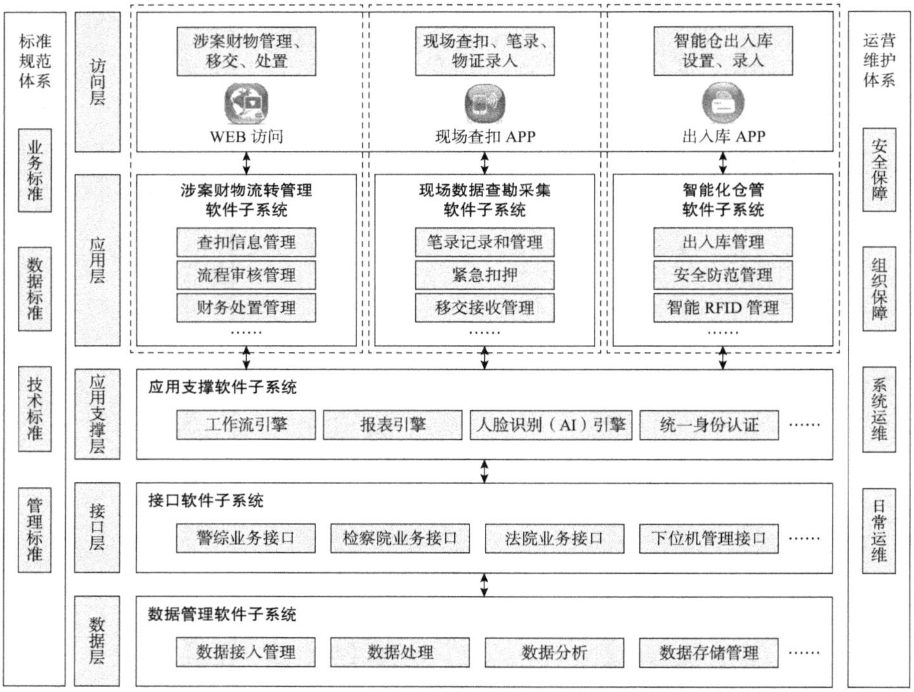

图6-4 跨部门涉案财物管理平台软件体系

6. 网络架构设计

目前，公安机关、检察院、法院的业务系统均部署在自己的专网中，因此，公安、检察院、法院、财政局之间需要通过专门的数据交换系统进行数据交换，这需要在各自的专网中有一台前置同步服务器进行数据交互。如图6-5所示。

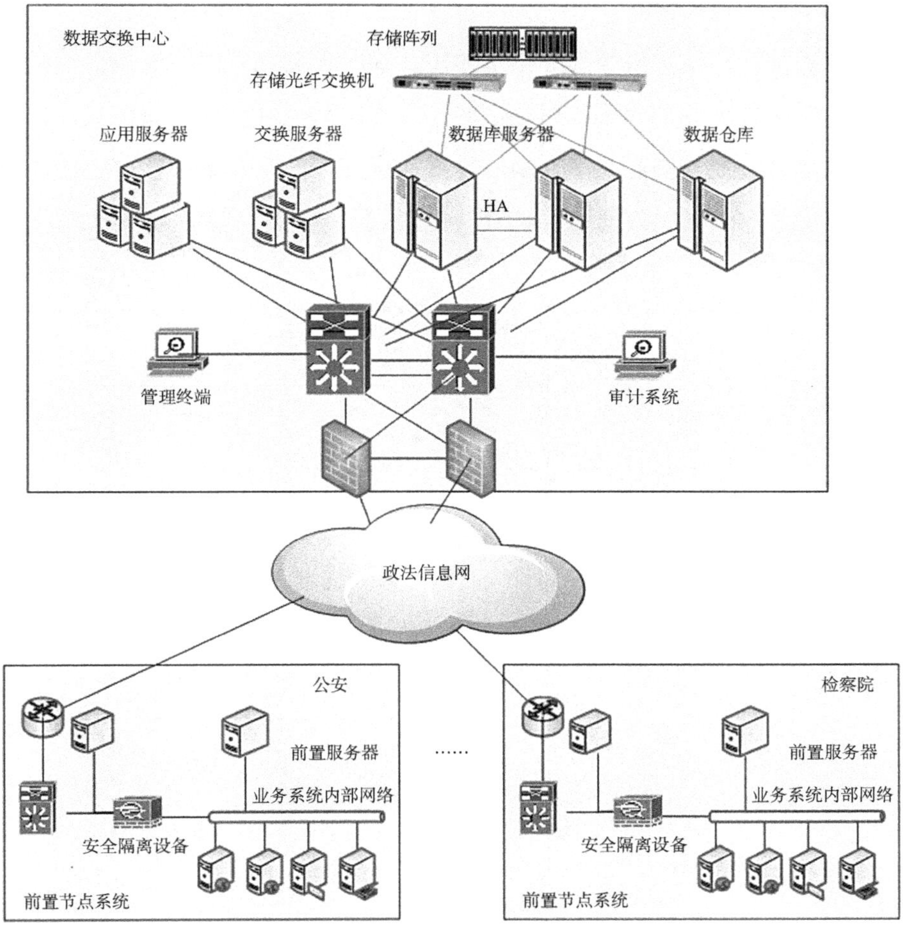

图6-5　部署图

在共享平台上一般需要安装三大数据库：中心共享数据库、中心交换数据库、中心决策数据库。

各部门的前置机部署在各自部门的前置环境中，与原有各部门的业务系统是通过各部门的专网进行联通，各部门的共享和交换数据通过专网发送到各部门的前置机中的共享数据库和交换数据库中，为了数据安全，在专网和各部门的前置机之间部署网闸，只有在数据传输时，才通过网闸设备接通专网和前置机。

在各部门的前置机中部署本部门用于临时存储业务协同过程中的交换信息的交换数据库和用于临时存储共享数据的共享数据库。前置交换管理子系统用来完成与中心共享交换平台的数据交换，支持数据转换、数据加密、系统监控和日志管理等。如图6-6所示。

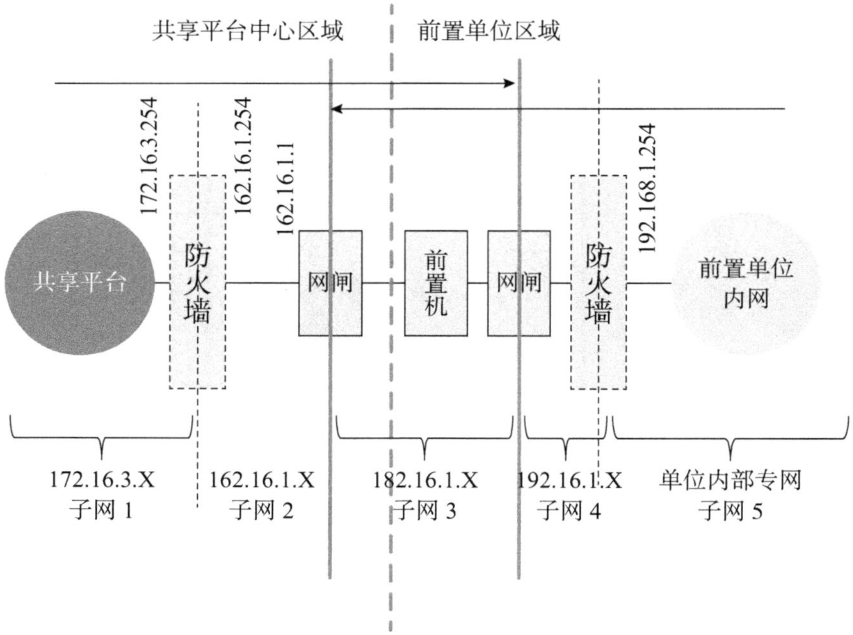

图6-6　网络逻辑结构图（一）

左侧虚线部分为信息共享平台范围，右侧为各业务单位网络。防火墙、隔离网闸设置各自的访问策略，共享平台仅能访问到箭头右侧截止位置和前置单位网闸位置，同理前置单位也仅能访问到共享平台的网闸位置。如图6-7所示。

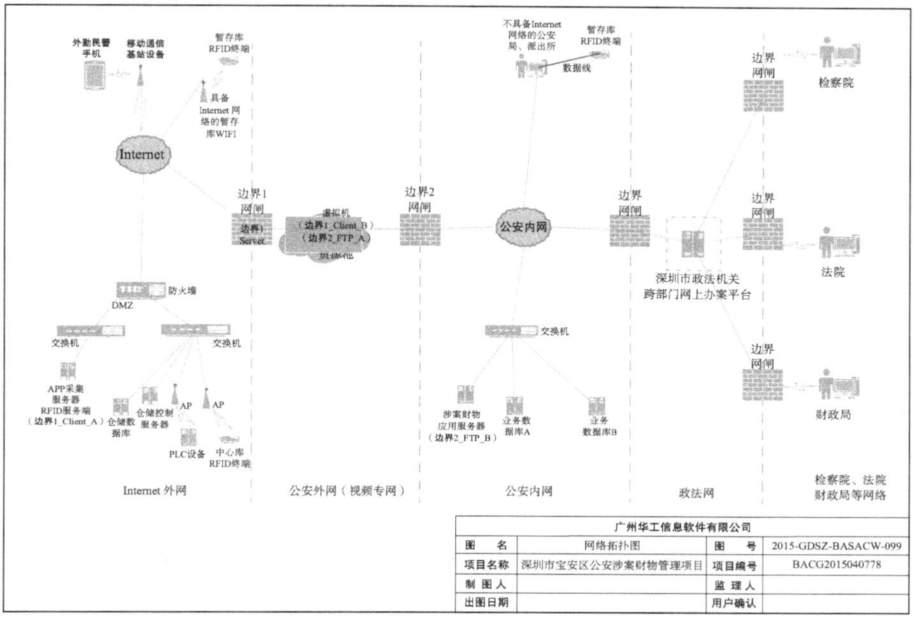

图6-7　网络结构图（二）

（二）主要流程设计

从流程上看，以扣押涉案财物为例，涉案财物管理一般包括扣押、流转、入库、保管、使用、出库、移交、处置等8个环节。在涉案财物管理信息平台建设上，应当从涉案财物扣押入口环节开始，借助公安网、互联网、物联网技术，需要开发前端采集、智能仓管、动环监控、安全防控、业务管理等功能模块，对涉案财物处置的8个环节进行全流程、实时动态控制和监督，形成一个不间断、环环相扣的涉案财物管理链。流程设计主要包括如下内容。

1.前端采集业务流程设计

在刑事诉讼过程中，对涉案财物的先期查封、扣押、冻结是初始环节，往往也是证据固定的重要环节。为确保查封、扣押、冻结涉案财物的客观性、合法性，《刑事诉讼法》对查封、扣押、冻结程序做了严格规定，尤其规定了对实物的扣押过程中，要求在现场办理相关法律手续。比如，要求在现场清点需要扣押的实物，现场填写扣押清单，现场让当事人和见证人签字确认。在司法实践中，人工办理现场扣押法律手续比较烦琐，费时费力，并且存在事后补办手续的违规情况。因此，应当借助移动互联网科技手段，开发移动扣押APP，即涉案财物前端采集系统，在确保信息安全的前提下，安装在专用手机等移动设备上，办案人员可以在现场操作录入财物信息，办理扣押手续。主要流程如图6-8所示。

图6-8　主要流程图

当场扣押：办案民警按照法律程序要求，在案发现场或犯罪嫌疑人身上发现涉案财物，需要当场扣押或提取。当场录入：办案民警扣押、提取涉案财物时，应当履行相关法律程序，依法会同在场见证人和财物持有人对提取的财物查点清楚，通过现场扣押APP当场录入《扣押清单》和《提取痕迹、物证登记表》。当场打印清单：通过现场扣押APP填写好信息后，当场由手机终端通过蓝牙或者无线网连接到便携式打印机进行打印，打印采用标准的A4纸张。当场签名、捺印：由办案民警、见证人和持有人共同签名或者盖章，并且捺手印，持有人拒绝签名或者盖章的，应当注明。当场封装：对于一般的财物，办案民警应使用统一的封装袋当场对财物进行封装。当场上传：现场录入的信息和拍摄的照片都可以上传至涉案财物管理系统中。

功能模块主要有6个，如图6-9所示。

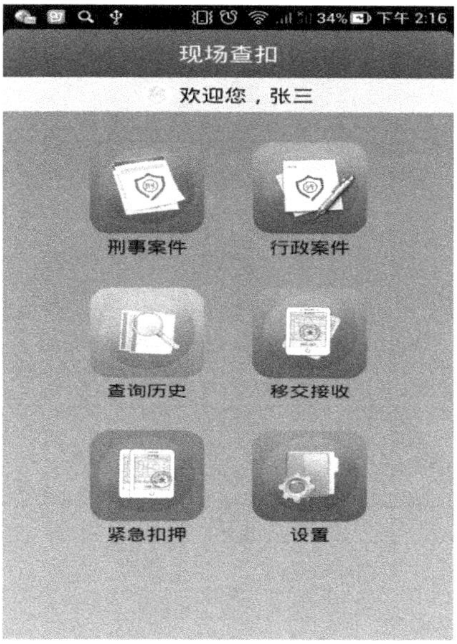

图6-9 功能模块图

紧急扣押模块：在尚无立案且须对案件立即处置的情况下，对涉案财物的现场紧急扣押提供各类笔录清单的快速录入。刑事案件模块：对已立案的刑事案件进行关联的现场查扣笔录清单录入。行政案件模块：对已立案的行政案件进行关联的现场查扣笔录清单录入。移交接收模块：办案民警间因临时变动，需对各自负责录入的笔录清单进行移交和接收处理，在此功能模块下可进行笔录清单的接收及查看用户本人的移交历史记录。查询历史模块：查看、修改、删除本人的笔录清单历史记录，同时可对录入的笔录清单进行移交操作。设置模块：可对用户登录密码进行修改，同步暂存笔录数据以及查看当前系统版本。

其中，在紧急扣押、刑事案件、行政案件模块中均包括提取笔录、扣押笔录、查封笔录、搜查笔录、检查笔录、提取痕迹物证登记表、电子物证、调取物证清单8个子模块，如图6-10所示。

图6-10　界面图

前端采集信息系统的作用主要有：一是实现涉案财物“当场扣、当场录、当场封、当场清”，有效解决事后补办扣押提取手续带来的执法不规范问题。二是实现扣押涉案财物初始环节的源头监管。民警在执法办案现场，在接触扣押涉案财物时现场录入涉案财物信息，该信息即刻进入涉案财物统一管理信息系统，从而使涉案财物在扣押初始环节就进入监管流程。三是提高工作效率，避免重复录入。民警通过扣押APP，可以在现场方便快捷地录入涉案财物信息，同时，该信息自动进入涉案财物管理信息系统，民警在向保管室移交涉案财物时，不用再录入涉案财物信息。

2.保管及流转业务流程设计

刑事涉案财物信息管理系统的设置目的主要是保证管理机关对刑事涉案

财物管理、使用方便以及保证涉案财物管理的安全性。刑事涉案财物的管理主要包括信息的查询、RFID电子标签以及二维码管理、涉案财物管理期限的提醒功能。第一，刑事涉案财物信息的查询是方便管理机关根据物品相关信息及时查询的方式，对及时找到涉案财物所在地以及时查询涉案财物状况具有重要意义。涉案财物保管机关保管较多的财物，对于一些较小的财物往往不能及时查找，但是，通过查询功能可以及时获知物品所在地。有些物品可能会腐烂、坏掉，甚至有些贵金属会出现锈蚀的危险，通过查询功能可以及时查看财物情况，避免不必要的损失。第二，通过RFID电子标签和二维码管理刑事涉案财物。RFID电子标签和二维码是物流、商场常用的管理方式，将该种方式引入刑事涉案财物处理，能够保障刑事涉案财物的及时管理，保障诉讼的顺利进行，节约了人力、物力，体现了刑事涉案财物管理的信息化、科学化、规范化和明晰化。第三，涉案财物管理的短信通知功能。刑事涉案财物管理的短信通知功能体现了高度的信息化，也体现了涉案财物管理的人性化。在有的案件中，刑事涉案财物的管理具有较短的期限限制，同时由于刑事涉案财物管理工作的复杂性，管理人员有可能疏于对即将到期案件的管理。短信提醒功能可以在财物处理截止期限届满之前进行提醒，保障对涉案财物的及时处理，避免对物主和国家造成损失。

前端采集系统仅仅是对涉案财物信息的初步录入，财物信息尚不完备，与案件信息尚未关联，因此，需要开发较为完备的涉案财物信息录入系统。

（1）涉案财物信息完善录入

办案民警通过手机现场查扣APP录入了财物基本信息，并上传数据进入涉案财物管理系统，在信息录入系统能查询到当场扣押的财物信息，但仍需要对财物信息进行补充完善。涉案财物的信息要素一般包括：名称、编号、数量、计量单位、特征、价值、存放地点、财物图片等。此外，通过与办案系统的对接互通，将案件的相关基本信息导入。案件基本信息主要包括：案件的名称、案由、法律文书的名称及编号、承办人员、犯罪嫌疑人、被告人的基本信息等内容。要实现以物查案、以案查物功能。

（2）财物入库流程

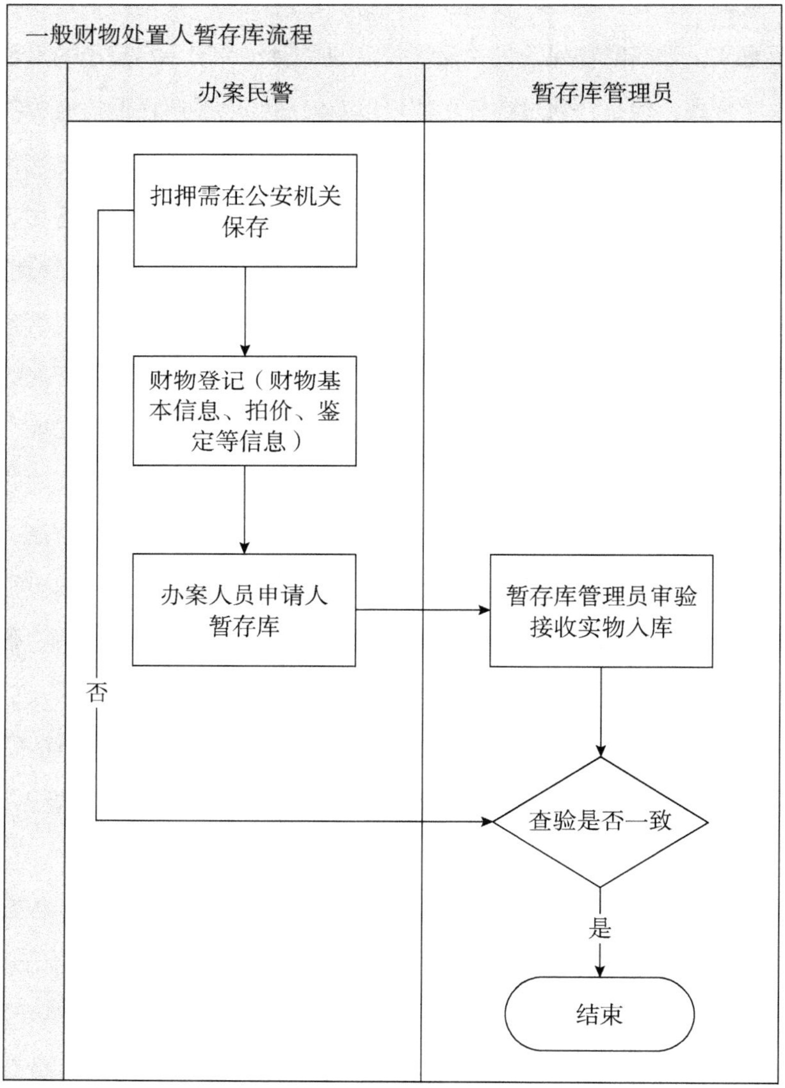

图6-11　财物入库流程

按照涉案财物有关管理规定，办案人员一般需要在扣押涉案财物24小时内将扣押的涉案财物移交管理人员进行入库统一保管。基层办案单位（如派出所、刑警大队）内部一般设置有涉案财物保管室，用于临时保管涉案财物，可称为暂存库。在县（区）一级设立的涉案财物管理中心，可称为中心。涉案财物一般先入基层办案单位暂存库保管，在完成办案需要后再移交中心。

办案民警申请将涉案财物移交至暂存库保管，需要提交入库申请给暂存库保管员，由暂存库保管员通过申请后方可入暂存库。

财物入库时，每一个财物包装袋需要贴有标签，财物标签应注明案件编号、案由（案件名称）、财物名称、持有人、提取（扣押）人、提取（扣押）单位、入库时间、承办民警。标签上注明RFID条码和二维码图案等。一个财物在包装时，可能会被分成多个包装，每个包装均贴有RFID标签。RFID编号由财物编号和打包序号组成。

入库步骤如下：

第一步：申请入库。办案民警在系统上首先发起入库申请。

第二步：入库申请单调出。保管员根据入库申请单编号，在涉案财物系统中找到待入库单。

第三步：实物查验。依次核查入库单上的财物特征描述与实物是否完全一致。如果不一致，可拒绝入库。

第四步：打包及制作RFID标签。选择需要归类打包的财物，将该财物打包后，贴上电子标签，如果没有财物电子标签，则现场打印RFID电子标签。如果需要对财物进行分包，则需要填写分包的数量。一个财物分包成多个包装，每个包装上贴一个RFID标签。保管员也可以打一个新的电子标签进行粘贴，但系统需要记录财物的标签更换记录。

第五步：打包拍照。通过高拍仪进行打包拍照，同时也可将入库清单、扣押清单等文书通过高拍仪拍照自动录入系统。

第六步：库位选择。依次对每一个财物选择存放的位置。在系统中选择存放仓库位置。

第七步：由管理员手持RFID设备完成扫描入库操作。对于一个财物分成多个包装时，扫描其中一个分包装就可以完成此财物入库，实际入库多少个分包装，以入库扫描为准。仓管对财物的管理以RFID标签为准。

第八步：系统入库确认。系统中点击“入库确认”按钮，完成系统入库。如果财物未经过RFID扫描，则不能进行入库。如果入库申请单中有需要存放在自动仓的财物，则需要等自动仓控制系统将入库结果反馈回来后，才能实施入库确认。对于一个财物分成多个包装时，扫描其中一个分包装就可以完成此财物入库。

第九步：入库打印。入库成功后，由库管理员通过系统打印入库清单。如果在财物入库时，财物数量较大，则需要进行分包包装，每个分包装上都会粘贴一个RFID标签，RFID编号为财物编号+分装号，RFID芯片记录RFID编号。

第十步：财物入库存放。库管理员在服务台对财物进行签收后需要将财物送到仓库指定位置进行存放。存放时，库管理员先扫描待存放容器（周转箱、防磁柜、冰柜、档案柜或货架等）上的RFID标签，然后扫描待存放入此容器的财物RFID标签，实现财物入库与存放容器进行绑定。

（3）财物使用流程

涉案财物在入暂存库或中心后，办案人员在办案过程中需要对财物进行调出使用（如检验鉴定、辨认等）时，在系统中进行调用申请，经领导审批后，调出库使用。办案人员使用完财物后，需在约定的时间内归还给仓库。财物借用之后，归还时，库管理员要查看财物是否完整（完好、损毁、短少、调换、灭失或其他），如果有损毁，需要填写造成损毁等的原因。

如果财物在暂存库，先由办案人员提出调用申请—办案单位领导审批—暂存库管理员办理出库，用后办案人员申请入库—办案单位领导审批—暂存库管理员查验，确认接收实物。

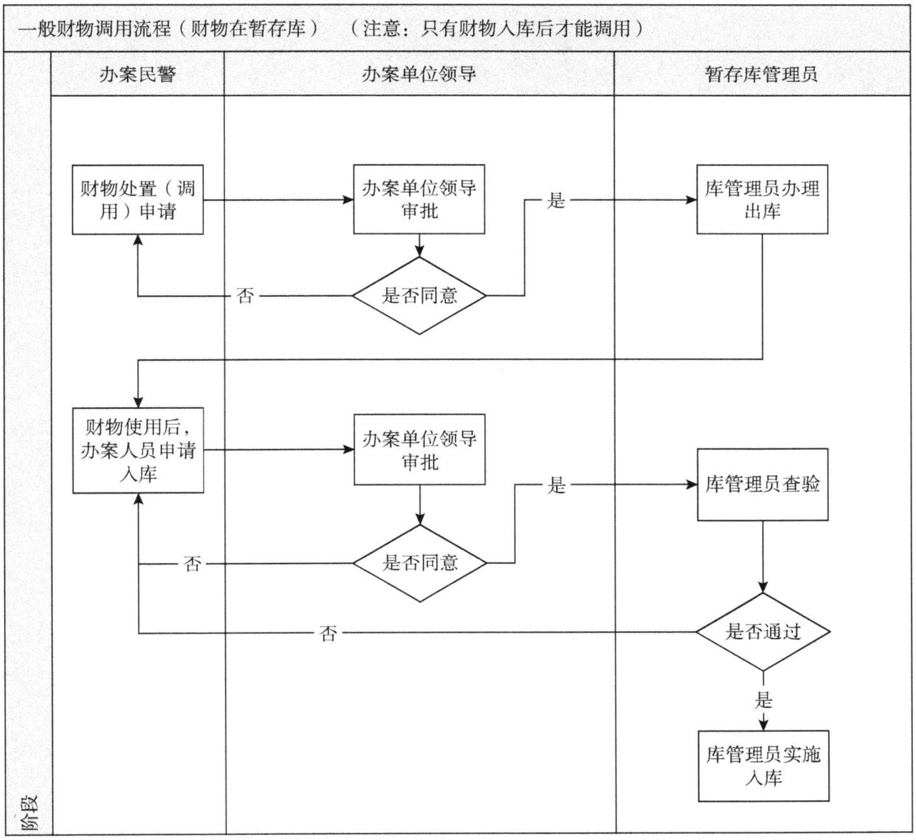

图6-12　一般财物调用流程

如果财物在中心，则先由办案人员提出调用申请—办案单位领导审批—中心库领导审批—中心库管理员办理出库，用后办案人员申请入库—办案单位领导审批—中心库领导审批—中心库管理员查验，确认接收实物。

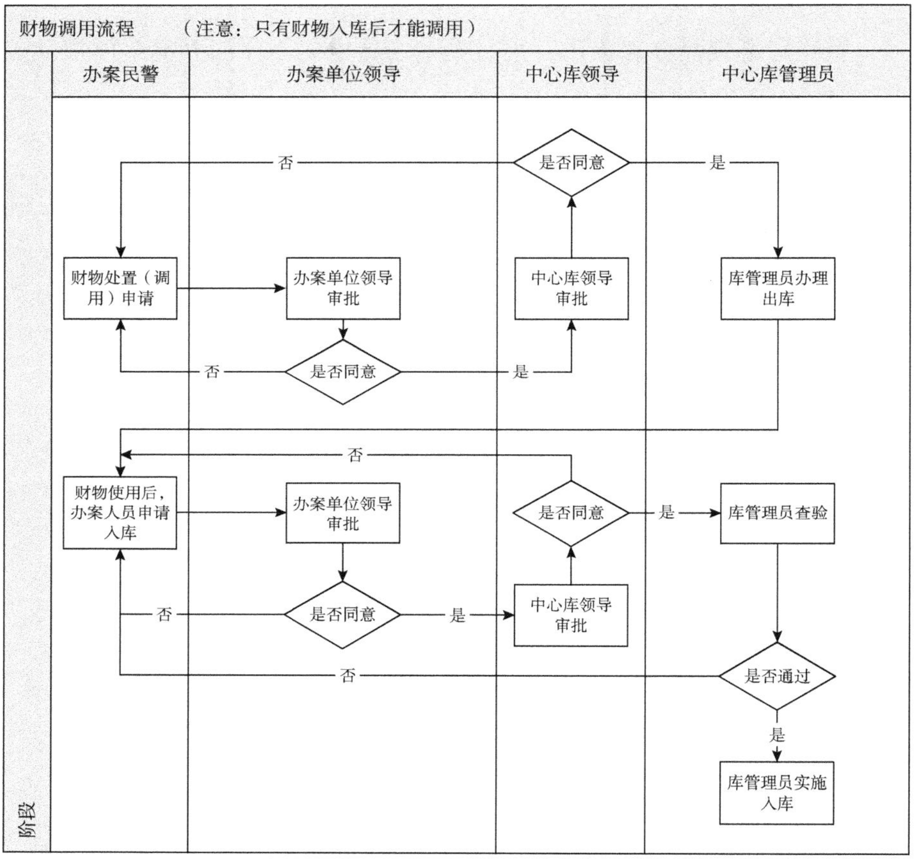

图6-13　财物调用流程

3.远程示证流程设计

当前，法院在庭审案件中，越来越重视实物证据在证实、认定犯罪中的作用。一些实物证据往往需要在法庭上展示。为提高工作效率、节省人力，可以在财物管理场所设置远程示证室，开发远程示证系统，与法院的庭审系统对接，进而实现远程向法庭展示实物证据。远程示证的作用：一是适应当前庭审信息化及远程开庭审判的新形势，增强庭审效果。二是实物证据不需要搬运到法庭，减少物证搬运受损风险，也节省了人力。三是远程示证室也具备远程作证功能。民警或证人可以远程向法庭作证。这样既可以保护证人，同时民警或证人也省下来回去法庭的路途时间。

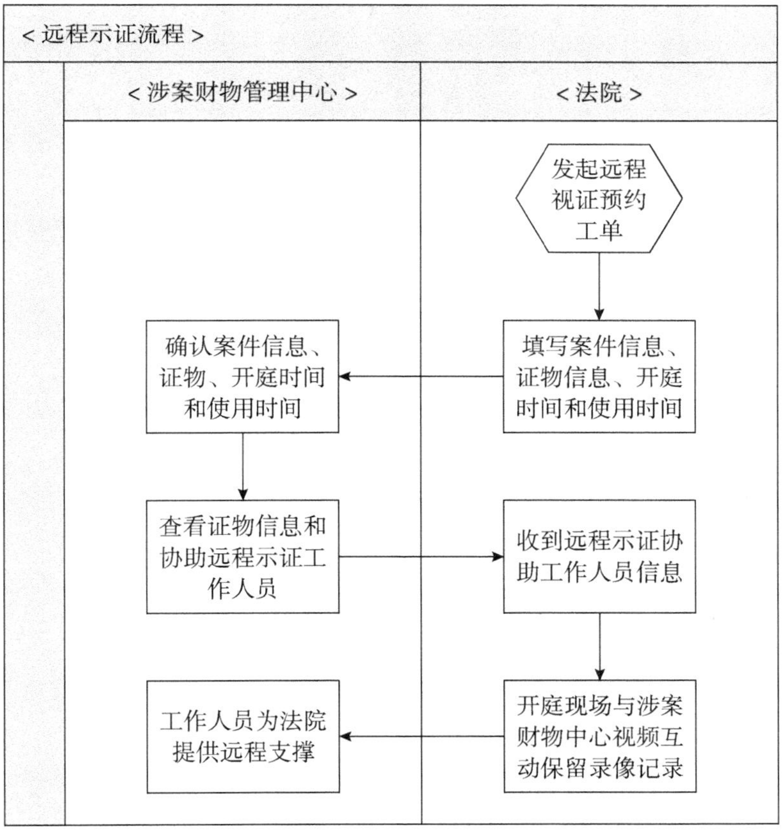

图6-14　远程示证流程

4.财政出口业务流程设计

对于冻结的存款、股票等，查封的土地、房产等的最终处置，一般由法院牵头实施处理，如果解除冻结查封措施，则直接办理解除措施。

如果需要拍卖、变卖后上缴国库或返还有关当事人，由法院拍卖后，移送到财政局上缴国库或返还财物有关人员。同时，涉案财物管理中心在涉案财物管理平台中可以跟踪财物的状态和处置情况。

对于涉案财物管理中心实际的保管财物、暂扣款等，退回到公安机关原办案单位进行处理；同时涉案财物管理平台可以跟踪财物的状态和处置情况。

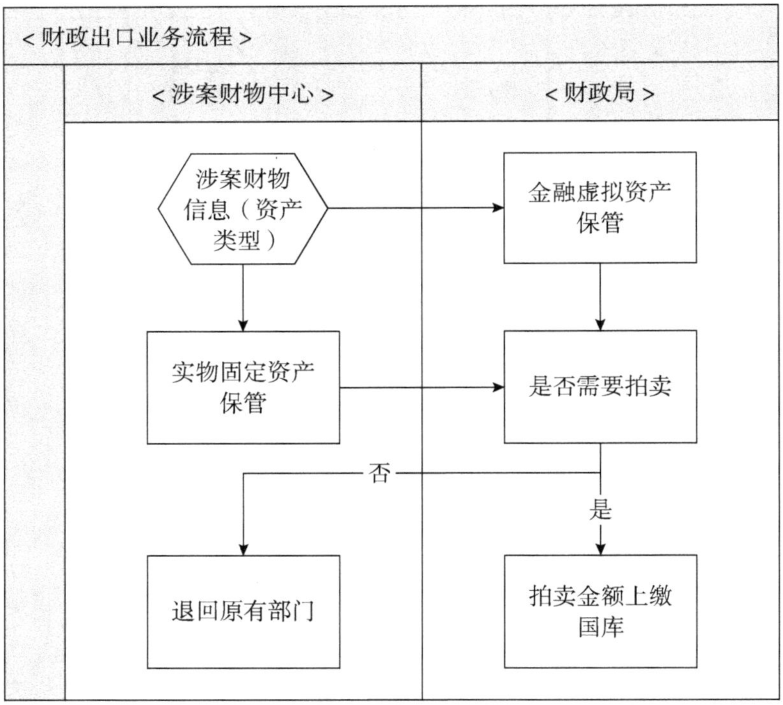

图6-15　财政出口业务流程

公安机关接收到法院的判决书后，对需要经过拍卖、变更程序（车辆、金银等）上缴国库，提交财物局实施拍卖，数量较大的假冒商品需要销毁、变卖的，以及暂扣款需要上缴国库的，移交给财政局进行处理。公安机关对财物进行处置后，需要将最终的处置结果录入系统并推送到法院。

财政局需要对由公安机关、检察院或法院移交的财物进行相应的入国库处理。

入国库操作主要针对四类：

第一类是没收的现金入国库，第二类是没收的有主财物入国库，第三类是拍卖的无主财物金额上缴入国库，第四类是拍卖的有主财物金额上缴。

对于现金入国库，需要提供没收发票编号，对于拍卖的财物入国库需要登记拍卖时间、拍卖人、拍卖价格等。

第七章　涉案财物管理的监督[①]

不受监督的权力会导致腐败，涉案财物的管理活动也概莫能外，因此，必须建立有效的监督机制。长期以来，我国涉案财物管理活动不规范、不高效、不廉洁的问题，为社会及学界所诟病。为此，各办案机关分别就本系统的涉案财物管理活动设立了监督机制。在建立新的独立统一的涉案财物管理中心后，原有各办案机关“各自保管、随案移送”涉案财物的体制将发生根本变化，新的涉案财物管理将采用“管理机构独立、管理活动集中统一、法律文书流转与实物保管相对独立”的崭新模式，这种新模式会使涉案财物的管理活动更加规范、高效、有序。但是，管理主体的一元化也会带来管理权力更集中的问题，管理活动专业性的增强则会使管理活动更封闭，涉案财物委托社会管理等新环节的引入还会扩大管理部门的裁量权。因此，如何对独立统一的涉案财物管理中心进行有效监督，将成为一个新的课题。本章首先对现有仍在运作的监督机制进行简要梳理和总结，然后在此基础上探讨如何建立与新的独立统一的涉案财物管理中心相适应的监督新机制。

---

① 本部分作者为刘文峰。

一、现行监督机制概要

目前我国刑事涉案财物管理有两大特点：其一，办案部门自行分诉讼阶段管理涉案财物。其二，属于案件证据的涉案财物按诉讼环节随案移送。[①]与此相适应，各办案机关也分别建立了本系统的涉案财物管理监督机制。到目前为止，由于独立统一的涉案财物管理中心的建立还处于探索阶段，全国性的涉案财物管理体制并未发生根本性的改变，这种监督机制在实践中仍是有效的。而且，办案机关在制定相关文件时并未就监督与制约做明确的区分，在实践中两者经常被混用。为了厘清现行规定中有关监督的内容，本章对现行规定中有关监督、制约、救济的相关内容一并梳理。

根据两办2015年印发的《关于进一步规范刑事诉讼涉案财物处置工作的意见》、最高人民检察院2015年颁布的《人民检察院刑事诉讼涉案财物管理规定》、公安部2015年修订的《公安机关涉案财物管理若干规定》、《最高人民法院关于适用〈中华人民共和国刑事诉讼法〉的解释》、财政部2020年《罚没财物管理办法》的相关规定，现行涉案财物管理监督机制可简要概括如下：

（一）办案机关内部制约机制

1.同一办案机关的办案部门与保管部门、办案人员与保管人员之间的制约机制。两办《关于进一步规范刑事诉讼涉案财物处置工作的意见》要求，公安机关、国家安全机关、检察院、法院等办案机关应当指定本机关的一个部门或者专职人员统一保管涉案财物，严禁由办案部门、办案人员自行保管。这一要求基本得到了落实。《公安机关涉案财物管理若干规定》

① 葛琳：《刑事涉案财物管理制度改革》，载《国家检察官学院学报》2016年第6期。

第8条要求，公安机关应当指定一个部门作为涉案财物管理部门，负责对涉案财物统一管理，并设立或者指定专门保管场所，对各办案部门经手的全部涉案财物或者价值较大、管理难度较高的涉案财物进行集中保管。对于价值较低、易于保管，或者需要作为证据继续使用，或需要先行返还的涉案财物，可由办案部门保管，但应设置专门的保管场所，指定非办案人员专人保管。实践中，许多地方的公安机关建立了涉案财物管理中心，实现了对公安机关涉案财物的集中统一管理。《人民检察院刑事诉讼涉案财物管理规定》第7条要求，人民检察院实行查封、扣押、冻结、处理涉案财物与保管涉案财物相分离的原则，办案部门与案件管理、计划财务装备等部门分工负责、互相配合、互相制约。其中，明确案件管理部门负责对涉案物品进行保管，计划财务装备部门负责涉案款项及其孳息的保管。

2.其他内设部门对保管部门的制约机制。这里的其他内设部门包括业务部门和综合部门两大类。业务部门，是指在职能分工上能对涉案财物管理活动形成制约的业务部门。例如，公安机关的法制部门在审查案件时需要对涉案财物的管理、处置情况进行一并审查；检察机关的侦查监督、公诉、控告检察、刑事申诉检察等部门在审查批捕、审查起诉、处理申诉控告、国家赔偿监督等过程中，要求对检察机关涉案财物管理活动进行审查。综合部门，是指纪检、监察、督察、计财等内设机构，它们分别依据各自的职能实现对涉案财物管理活动的监督。

（二）上级机关监督下级机关机制

根据我国的司法体制，公安机关、国家安全机关等侦查机关，检察机关均实行上级领导下级的工作体制，对于下级机关的相关司法办案活动，上级机关有权进行监督并提出纠正意见，涉案财物管理监督也是其中一项内容。《公安机关涉案财物管理若干规定》第30条规定，上级公安机关发现下级公安机关存在涉案财物管理违法违规行为，或者对投诉、控告、举报或者复议事项不按照规定处理的，应当责令下级公安机关限期纠正，下级公安机关应当立即执行。《人民检察院刑事诉讼涉案财物管理规定》第29条规定，人民检察院监察部门应当对本院和下级人民检察院的涉案财物工作进行检查和专项督察，每年至少一次，并将结果在本辖区范围内予以通报。发现违纪违法问题的，应当依照有关规定作出处理。

（三）办案机关互相监督机制

根据《刑事诉讼法》的规定，公检法三机关是互相配合、互相制约的关系，这一原则同样适用于对涉案财物的管理和处置。《公安机关涉案财物管理若干规定》第20条规定，人民检察院决定不起诉、人民法院作出无罪判决，涉案财物由公安机关管理的，公安机关应根据上述决定或生效判决，解除相关措施并返还当事人。人民法院作出有罪判决，涉案财物由公安机关管理的，公安机关应根据生效判决对涉案财物作出处理。《人民检察院刑事诉讼涉案财物管理规定》第25条针对撤案、决定不起诉、人民法院作出生效裁判等情况，对涉案财物的处理作了明确，并要求人民检察院加强与法院、公安机关、国家安全机关的协调配合，共同研究解决涉案财物管理工作中遇到的突出问题。《最高人民法院关于适用〈中华人民共和国刑事诉讼法〉的解释》第447条规定，随案移送或者人民法院查封、扣押的财物及其孳息，由第一审人民法院在判决生效后负责处理。未随案移送的涉案财物，人民法院应在判决生效后10日内将相关裁判文书送达查封、扣押机关，并告知其在1个月内将执行回单送回。

（四）检察机关法律监督机制

检察机关对刑事诉讼负有法律监督职责，各办案机关的涉案财物管理活动也应是检察监督的重要内容。根据《人民检察院刑事诉讼规则》第567条、第570条的规定，检察机关对侦查活动中和审判活动中的如下行为进行监督：对与案件无关的财物采取查封、扣押、冻结措施，或者应当解除查封、扣押、冻结而不解除的；贪污、挪用、私分、调换、违反规定使用查封、扣押、冻结的财物及其孳息的。

（五）当事人和利害关系人权利制约机制

两办《关于进一步规范刑事诉讼涉案财物处置工作的意见》提出，要通过权利制约权力的方式形成涉案财物管理的制约机制，主要包括两个方面：一方面，是赋予当事人和利害关系人相关诉权，即对于涉案财物的强制、处置等活动，赋予利害关系人参与诉讼，当事人提出上诉、申请抗诉等诉讼权利，同时要求办案机关在涉案财物管理活动中履行权利告知义务，以形成对涉案财物管理活动的制约。另一方面，是赋予当事人、利害关系人提出异议、申请复议、申诉、投诉或者举报等权利，要求办案机关及时受理并反馈处理结果。

目前，上述两个方面的要求已经被《公安机关涉案财物管理若干规定》《人民检察院刑事诉讼涉案财物管理规定》所吸收。《公安机关涉案财物管理若干规定》第30条规定，对涉案财物采取措施、管理和处置过程中，公安机关及其工作人员存在违法违规行为，损害当事人合法财产权益的，当事人和辩护人、诉讼代理人、利害关系人有权向公安机关提出投诉、控告、举报、复议或者国家赔偿。公安机关应当依法及时受理，并依照有关规定进行处理。对情况属实的，应当予以纠正。《人民检察院刑事诉讼涉案财物管理规定》第32条规定，检察机关在实施查封、扣押、冻结及保管、处理涉案财物时，应做好信息查询、公开和告知工作，为当事人、其他诉讼参与人、利害关系人行使权利提供保障和便利。当事人对检察机关撤案、不起诉决定中涉案财物处理部分不服的，可以提出申诉和控告。对于提起公诉的案件，当事人对涉案财物处理决定不服的，可以提出上诉，被害人、其他利害关系人可以请求检察院抗诉。

（六）社会监督机制

检察机关创设的人民监督员制度同样适用于涉案财物的管理监督。根据《人民检察院刑事诉讼涉案财物管理规定》第34条的规定，人民检察院查封、扣押、冻结、保管、处理涉案财物，应当接受人民监督员的监督。

（七）违法责任追究机制

追责是监督的落脚点。根据目前的规定，被追责行为的范围既包括涉案财物的查封、扣押、冻结等强制行为，也包括涉案财物保管、处置行为。责任形式包括四种：纪律责任、（行政）违法责任、刑事责任和国家赔偿（追偿）责任。责任人员包括领导人员和直接责任人员两类。上述内容主要体现在《公安机关涉案财物管理若干规定》第26条至第30条、《人民检察院刑事诉讼涉案财物管理规定》第31条和第33条等规定中。

二、现行监督机制的检视

通过对现有监督（含制约、救济）机制的梳理，我们发现目前对涉案财物管理的监督的有关规定并不少，如《公安机关涉案财物管理若干规定》第四章为监督与救济，有7个条文；《人民检察院刑事诉讼涉案财物管理规定》第五章为涉案财物工作监督，有7个条文。从监督类别上看，现有监督机制包括内设纪检监察监督、内设业务部门之间的制约、上级对下级机关的监督、办案机关之间的监督以及检察机关的法律监督、诉讼参与人的权利制约、社会的外部监督等多种类型，形成了内部与外部、上级与下级、综合与业务、权力与权利的监督体系。但我们认为，这些看似完善的监督机制本身仍然存在一些问题，其中有些问题在独立统一的涉案财物管理中心建立后会更加突出。

（一）监督主体多元

现行涉案财物的监督是一种多元主体监督机制。《公安机关涉案财物管理若干规定》中明确的涉案财物监督主体有纪检、监察、警务督察、审计、装备财务、警备保障、法制、公安机关的负责人，多达8种；《人民检察院刑事诉讼涉案财物管理规定》中明确的监督主体有监察部门、案件管理部门、侦查监督、公诉、控告检察、刑事申诉检察部门及人民监督员，也多达7种。监督主体多元，导致的是涉案财物监督的“九龙治水”，多人负责也意味着无人负责。随着独立统一的涉案财物管理中心的建立，涉案财物管理主体将实现一元化。在这种新的形势下，监督主体多元化与管理主体一元化之间的矛盾会更加突出，由谁对涉案财物管理中心行使监督职责，成为一个亟待明确的问题。

（二）监督权属泛化

现行有关涉案财物管理的规定没有明确区分监督、制约、救济等的关系，将不同业务职能部门、办案机关之间的制约机制，以及对诉讼权利的救济机制，与监督机制混为一谈。比如，检察机关侦查监督、公诉、控告检察、刑事申诉检察部门对案件管理部门的保管涉案财物活动，在办案中会进行审查，存在制约作用，但这一作用可否称为“监督”值得商榷。此外，当事人、利害关系人对办案机关的涉案财物处置提出的上诉、申请抗诉及申诉、控告、复议等行为，客观上也会形成对办案机关涉案财物管理活动的制约，但这种制约能否称为“监督”也值得思考。监督权的泛化倾向，混淆了监督与制约、监督与救济等概念，不利于明确监督职责、落实监督责任。

（三）监督程序缺失

监督是需要程序保障的，监督过程应有受理线索、调查核实、作出认定、进行处理、公布决定等基本阶段，同时应明确调查主体、调查措施、调查时限等基本要求。但目前已经出台的涉案财物管理相关规定均没有设置监督程序，监督的落实缺乏程序规制和保障。

三、监督机制改革的方向

设立新的独立统一的涉案财物管理中心，将从根本上改变原来的各办案机关“分别查扣、分段管理、随案移送”涉案财物的管理模式，涉案财物管理活动将呈现诸多新特点：一是独立统一涉案财物管理中心的建立，将实现涉案财物管理主体的一元化，相对于原来的分阶段管理涉案财物的体制，管理权更为集中；二是独立统一涉案财物管理中心的建立，将大大提高保管活动的专业化水平，而专业性的增强也会使外界更不易介入，涉案财物管理活动的封闭性增强；三是涉案财物管理中心统一负责涉案财物的程序性处置、保管活动将使其获得一定的裁量权。因此，为了适应独立统一的涉案财物管理中心的建立，需要重新明确监督主体、划分行为责任、完善监督程序、突出监督重点，从而实现我国涉案财物监督机制的新变革。

（一）明确监督主体

“独立统一涉案财物管理中心”中的“独立”是相对于原来的公检法

分别建立涉案财物管理机构而言的，“独立”的意思是取消公检法各自设立的涉案财物管理机构，代之以公检法之外另行建立的独立统一的专门进行涉案财物管理的机构。[①]涉案财物管理中心建立后，原有的监督机制将无法适用，需要重新明确监督主体。我们认为，对涉案财物管理中心这一新机构的监督，应根据我国的现有监督体制，考虑涉案财物管理的专业性、监督与诉讼程序的对接性等要求，明确以纪检监察、检察监督、专业监督及社会监督为主体的监督机制。

1.向涉案财物管理中心派驻纪检监察组。派驻的纪检监察组作为涉案财物管理中心的常设外部监督机构，负责对管理中心的负责人及其他管理人员的管理行为进行监督，这也符合我国当前正在进行的纪检监察改革的要求。派驻纪检监察机构，应全面负责涉案财物管理行为的监督工作，根据干部管理权限对违法管理行为进行调查，对相关人员的责任进行认定并作出纪律、行政处分；涉及检察官、法官责任的应向检察官、法官惩戒委员会提出处理建议；涉及刑事犯罪的则依法进行调查和向司法部门移交。

2.增设检察机关对涉案财物管理的专项检察职能。可以考虑两种方式：一种是在涉案财物管理中心增设专门的派驻检察官，类似于看守所的派驻检察机构；另一种是对检察机关增设专门的涉案财物检察监督职能，明确负责的具体部门如案件管理部门，对涉案财物管理中心的管理活动进行专项检察监督。检察机关对涉案财物的监督，主要是针对在批捕、起诉等诉讼环节发现的违法线索，或诉讼参与人、利害关系人提出的申诉、控告等，启动违法调查程序，并向涉案财物管理中心提出检察建议。

3.引入审计机构等专业监督主体。考虑到涉案财物管理的专业性，可考虑明确同级审计部门作为涉案财物管理中心的监督主体，对涉案财物管

① 李玉华：《论独立统一涉案财物管理中心的建立》，载《法制与社会发展》2016年第3期。

理活动进行年度审计监督。针对企业资产、金融资产、特种物品等的委托管理、专业处置活动，还可由审计机构委托专业机构和人员进行专业性审计。审计机构的职责，是通过审计等专业性的审查，向涉案财物管理中心提出工作建议。对违反涉案财物管理规定的线索，向纪检监察机构及时移送。

4.适时引入社会监督主体。纪检监察监督、检察监督和审计监督，对涉案财产管理活动无疑都是十分重要的，但仅靠这些官方的监督机构又无法完全满足涉案财物管理监督的要求，主要是因为涉案财产的种类繁多，对管理活动的专业性要求很高。为了适应涉案财物管理监督的专业性要求，国外常常通过引入社会专业组织进行评估的方式来解决这一问题，如在美国就设有针对涉案财产管理活动评估的专业社会组织，这种社会评估的专业组织不仅负责定期对涉案财物管理活动进行评估，还负责对涉案财物管理中心人员进行培训，与官方监督机制形成了良好的互补关系。当前，我国执法司法活动正在日益走向公开化，适时引入社会专业组织作为涉案财物官方监督机制的补充，也是一种可行的选择。

（二）突出监督重点

独立统一的涉案财物管理中心建立后，涉案财物的查封、扣押、冻结仍由各办案机关负责，但涉案财物的保管、程序性处置则由管理中心统一负责。因此，各办案机关除仍须加强对涉案财物查封、扣押、冻结必要性、比例性的监督外，涉案财物的管理、处置环节应成为监督的重点，特别是对特殊款物、金融资产的保值增值管理，对大宗资产如企业资产、车辆船舶、珍贵文物的委托管理等，应作为监督工作的重中之重。

（三）完善监督程序

涉案财物的监督需要程序保障。我们认为，对涉案财物管理中心应建立以派驻纪检监察机构、检察机关及审计机构等为主导的监督机制。但目前在上述机关的相关程序规定中并没有针对涉案财物管理监督的程序，这不利于监督工作的开展。因此，我们建议针对涉案财物管理中心及管理工作，在纪检监察、检察院刑事诉讼规则和审计规范中增加相关监督程序，对监督线索的移送和管理、调查程序的启动、调查措施和时限、责任的认定与追究等程序性事项作出明确规定，以提高监督工作的规范性。

PART II

第二部分

规则条文设计：某市（县/区）涉案财物管理实施细则

某市（县/区）涉案财物管理实施细则[①]

目　录

第一章　总则

第一条【目的】为进一步规范涉案财物管理工作，维护公民、法人和其他组织的合法权益，保障严格、公正、文明、规范执法，根据有关法

① 本部分作者为李玉华、刘文峰、杨亮、田力男、马杰、姜阀、张晶、邹艺、高源、马明亮、李驰、焦娜、魏云皓。

律、法规、规章等相关规定，结合本市（县/区）实际，制定本实施细则。

第二条【涉案财物的范围】本细则所称涉案财物，是指监察机关、公安机关、国家安全机关、检察机关、人民法院、监狱和其他行政机关在办案过程中查封、扣押、冻结、提取或从其他办案机关或个人接收的，与案件有关的财物。包括：

（一）违法犯罪所得及其孳息；

（二）用于实施违法犯罪行为的工具；

（三）非法持有的淫秽物品、毒品等违禁品；

（四）其他可以证明违法犯罪行为是否发生、违法犯罪行为情节轻重或与案件有关的物品和文件。

【说明：参考公安部《公安机关涉案财物管理若干规定》第2条，并在其第4项基础上增加“是否”；参考最高人民检察院《人民检察院刑事诉讼涉案财物管理规定》第2条。涉案财物范围的界定见本成果论证部分的第四章。】

第三条【涉案财物管理中心的功能】涉案财物管理中心独立于公检法等办案机关，负责涉案财物的接收、保管、处置、保值增值并为执法办案提供便利。

犯罪嫌疑人、被告人的随身物品及拾得物由涉案财物管理中心管理。

【说明：关于涉案财物管理中心功能的详细论述见本成果论证部分的第二章。】

【亮点：涉案财物管理中心管理涉案财物的范围增加“拾得物”。】

第四条【办案与管理相分离原则】涉案财物管理应当遵守办案与管理相分离原则。

【说明：参考公安部《公安机关涉案财物管理若干规定》第3条。】

第五条【监督制约原则】纪委监委、人民检察院、审计局等机关对涉案财物管理依法进行监督。

【说明：参考最高人民检察院《人民检察院刑事诉讼涉案财物管理规定》第7条。】

第六条【依法管理原则】涉案财物管理必须严格依法进行。任何单位和个人不得贪污、挪用、私分、调换、截留、坐支、损毁、擅自处理涉案财物。

对于涉及国家秘密、商业秘密、个人隐私的涉案财物，应当严格保密。

【说明：参考公安部《公安机关涉案财物管理若干规定》第4条，增加“严格”。】

第七条【回避原则】涉案财物管理中心工作人员与财物所涉案件存在利害关系的，不得参与该案涉案财物的管理。

第八条【涉案财物统一信息平台】涉案财物管理中心建立涉案财物统一管理信息平台，对涉案财物进行全流程、实时统一管理。涉案财物管理中心应当对所有涉案财物逐一编号，将案由、来源、涉案财物基本情况、保管状态、场所和去向等信息录入信息平台。

没有立案等相关手续的涉案财物，不得录入涉案财物管理信息平台。

【说明：两办《关于进一步规范刑事诉讼涉案财物处置工作的意见》提出“探索建立跨部门的地方涉案财物集中管理信息平台”。

在公检法各系统办案及记录涉案财物信息的平台之外，涉案财物管理中心创建涉案财物统一管理信息平台，前者与后者联网对接、建成跨部门的涉案财物统一管理信息平台。】

第九条【涉案财物分案、分类、分区保管原则】不同案件、不同种类的涉案财物，应当分案、分类、分区保管。

【说明：参考公安部《公安机关涉案财物管理若干规定》第11条，增加“分区”。】

第十条【涉案财物管理中心运行费用】涉案财物保管及日常维护等费用，全额纳入财政预算，不得向当事人收取，但法律、法规另有规定的除外。

第二章 涉案财物的移送与接收

第十一条【涉案财物的移交要求】办案人员对涉案财物采取措施，应当严格按照法定的权限、范围、条件、程序、期限，履行法律手续；法律文书上应当详细注明涉案财物的名称、数量、规格、特征等情况。

对涉案财物采取措施后，办案机关应当在二十四小时内将涉案财物移交涉案财物管理中心，并办理移交手续。异地办案的应当在返回办案单位后二十四小时内办理移交手续。办案单位地处偏远、交通不便地区的，应当在四十八小时内办理移交手续。

【亮点：明确规定办案单位移交涉案财物至涉案财物管理中心的时限，以便在提取涉案财物后尽早实现由涉案财物管理中心统一、集中、规范管理的目的，形成一元化为主的管理模式。】

第十二条【特殊情况下涉案财物的移交要求】情况紧急需要在二十四小时内对涉案财物进行鉴定、辨认、检验、检查的，经办案单位负责人批准，可以在上述工作完成后二十四小时内将涉案财物移交涉案财物管理中心，并办理移交手续。

行政案件涉案财物在二十四小时内已经处理完毕的，不再办理移交手续，但应当将处理涉案财物的相关手续附卷保存。

【亮点：侦查工作中特定侦查行为需要及时进行，针对统一移交涉案财物时限规定与侦查效率的矛盾，对于上述情况采取先开展侦查、后移送涉案财物的方式解决。】

第十三条【涉案财物的移送方式】办案机关指定专职人员定期收取本

单位的涉案财物并移交涉案财物管理中心。移交至少由两人实施，且应当采用安装摄像头的专车运送并实时录像。紧急情况下，由办案单位办案或者保管人员两人以上共同完成上述移交工作。

有条件的，也可以由涉案财物管理中心指定专职人员定期到办案机关收取涉案财物。

对于采取查封、冻结、先行登记保存或现场封存等措施后不在办案机关保管的涉案财物，办案人员应当在采取有关措施后二十四小时内，将案件名称、违法行为人或者犯罪嫌疑人姓名、采取的措施、法律文书、涉案财物的名称、数量、状况、存放地点等情况报送本单位保管人员登记录入系统。

【亮点：涉案财物移交模式采取各单位专门收取移送、紧急移送和涉案财物管理中心上门收取相结合，移交过程同步录音录像。参考深圳市宝安区涉案财物管理中心实行的专业押送涉案财物模式。】

第十四条【现金的移送与接收】对于本身不具有证明案情的特定特征、不需要作为证据使用的现金，应当在采取措施后二十四小时内存入指定账户并将银行进账单交给办案单位保管人员登记录入系统。

【说明：参考公安部《公安机关涉案财物管理若干规定》第9条，区分“不具有证明案情的特定特征、不需要作为证据使用的现金”与“能够证明某些案件事实而需要作为证据使用的现金”的不同处置。】

第十五条【涉案财物的接收】涉案财物管理中心在接收办案单位移送的涉案财物或者清单时，应当审查是否符合下列要求：

（一）有刑事立案决定书或行政受案登记表和相应的查封、扣押、冻结法律文书以及查封、扣押清单，并填写规范、完整，符合相关要求。

（二）移送的财物与清单相符。

（三）移送的扣押物品清单，已经依照有关规定注明扣押财物的主要特征。

（四）移送的涉案财物使用由涉案财物管理中心统一制作、提供的封装袋、收纳盒、封条、标签等进行封装处理。无法放入封装袋内的大件物品已经将标签贴于物品显著位置。

（五）移送的文物、金银、珠宝、名贵字画以及其他贵重物品，已经依照有关扣押的规定予以密封，办案人员、见证人和被扣押物品持有人在密封材料上签名或者盖章，扣押时已经详细记录物品名称、型号、规格、数量、重量、质量、成色、纯度、颜色、新旧程度、缺损特征和来源等信息，并当场拍照。

（六）移送的存折、信用卡、有价证券等支付凭证和具有一定特征能够证明案情的现金，已经依照有关扣押的规定予以密封，注明特征、编号、种类、面值、张数、金额等，办案人员、见证人和被扣押物品持有人在密封材料上签名或者盖章。

（七）移送的查封清单，已经依照有关查封的规定注明相关财物的详细地址和相关特征，办案人员、见证人和持有人签名或者盖章，注明已经拍照或者录像及其权利证书是否已被扣押，注明财物被查封后由办案部门保管或者交持有人或者其近亲属保管，注明查封决定书副本已送达相关的财物登记、管理部门等。

（八）大宗的、不便搬运提取的物品，需要采取现场封存措施的，已经按照上述第七项要求制作相关查封笔录、清单。

对易损、易变质等不宜移交的涉案财物，已经用笔录、绘图、拍照、录像等方法加以固定，按照有关规定依法变卖、拍卖处理。

（九）车辆、不动产等需注册登记的财物已经核实登记证书、权属关系、性质、状态、有效期等情况，并拍照、录像；扣押车辆时查验车辆特征，清点车内物品，当场开列扣押清单或者行政强制措施凭证，并在清单或者凭证中详细载明当事人的基本情况、案由、厂牌型号、识别代码、牌照号码、行驶里程、重要装备、车身颜色、车辆状况等情况。

车辆内的物品与案件有关，需要作为证据使用的，已经依法扣押；与案件无关的，通知当事人或者有关权利人及其家属领取。

办案部门已经将扣押、查封等决定书副本送达车辆管理所、房地产权登记部门等单位，并以办案单位名义书面通知车辆管理所、房地产权登记部门等单位暂停权属的变更。

（十）枪支弹药、毒品、剧毒物品、易燃易爆物品以及其他违禁品、危险物品，需要查封扣押的，必要时邀请专业人员在场，听取专业人员意见后对物品进行封存，并对查封物品的专业名称、数量、颜色、外包装、保存条件等信息予以详细记录；毒品案件已经携带精密称重仪器对查获的毒品进行现场称重，并以拍照或者录像等方式现场固定。

（十一）物证的照片、录像或者复制品，书证的副本、复制件，视听资料、电子数据的复制件，附有关制作过程及原件、原物存放处的文字说明，并由制作人和物品持有人或者物品持有单位有关人员签名。

（十二）对电子数据的审查，参照《关于办理刑事案件收集提取和审查判断电子数据若干问题的规定》。

涉案财物管理中心工作人员接收移交的涉案财物时，应当对照有关法律文书和网上管理系统当场查验核对、登记入册，并与移交人员共同签名或者盖章。对于缺少法律文书或者法律文书中对必要事项记载不全的，应当要求办案人员补齐。确实无法补齐的，应当拒收。

【说明：本实施细则以涉案财物管理中心的视角展开，该中心对于办案机关移交的涉案财物首先予以审查并决定是否接收、办理相关手续。参考最高人民检察院《人民检察院刑事诉讼涉案财物管理规定》第11条。】

第十六条【及时清点原则】涉案财物管理中心对接收的财物及时清

点，一般情况下，三日内清点完毕并办理接收手续。

大宗物品或情况复杂时，可以聘请社会专业人员清点。

【亮点：规定及时清点原则，督促涉案财物管理中心将财物及时入库；明确可聘请社会专业人员清点的情形。】

第三章　涉案财物的保管

第十七条【涉案财物的保管机关】涉案财物一般由涉案财物管理中心集中、统一保管。

办案机关的涉案财物保管室对本单位的部分涉案财物进行临时保管。

特殊涉案财物，涉案财物管理中心没有保管条件的，可以委托相关部门或社会机构保管。

【亮点：公安部《公安机关涉案财物管理若干规定》第11条中规定“有条件的地方，可以会同人民法院、人民检察院等部门，建立多部门共用的涉案财物管理中心，对涉案财物进行统一管理”。为从根本上落实两办精神及公安部该规定，该细则不仅创建了跨部门信息平台，还建立了实体的跨部门保管机构——涉案财物管理中心，同时要求各办案机关保留或建立各自的涉案财物保管室。该条还对相关机构和人员的职责作了简要规定。确立“1+X”的管理模式。】

第十八条【涉案财物分案、分类、分区保管方式】涉案财物管理中心应当设立普通物品区、电子数据区、贵重物品区、特殊检材区、涉密证据保管室等不同功能区，并划分单独区域作为存放违禁物品的场所。

涉案财物保管室应当划分扣押物品区与暂存物品区，暂存物品区用于暂时存放违法犯罪嫌疑人、被告人的随身物品及拾得物等财物。

贵重物品区应当配备保险柜。

涉案财物管理中心及其保管措施应当适合被保管财物的特性，符合防火、防盗、防潮、防蛀、防磁、防腐蚀等安全要求。涉案财物管理中心应当安装视频监控设备，并配备必要的储物容器、一次性储物袋、计量工具等物品。

【说明：最后一款参考公安部《公安机关涉案财物管理若干规定》第11条第2款及最高人民检察院《人民检察院刑事诉讼涉案财物管理规定》第20条。】

第十九条【特殊涉案财物的保管】办案单位在办案中遇有下列特殊涉案财物的，完成检验、鉴定、辨认后报涉案财物管理中心，由涉案财物管理中心按照规定移交相关部门或社会机构保管：

（一）易燃、易爆、剧毒、放射等危险品应当现场通知安全监督管理部门保管；

（二）天然气、液化石油气移交燃气管理部门保管；

（三）受法律保护的野生动植物活体及时移交林业部门按规定处理；

（四）毒品和制毒原料或者配剂、管制药品，移交市（县/区）公安局禁毒部门保管；

（五）车辆、大宗货物等可以由社会机构保管；

（六）其他不宜保管的涉案财物，应当经拍照或录像后，由办案机关依照国家有关规定依法变卖、拍卖，所得款项按照规定存入指定账户。

【说明：参考公安部《公安机关涉案财物管理若干规定》第11条第3款、第4款，并增加情况、细化程序。《危险化学品安全管理条例》第6条。】

第二十条【定期检查】涉案财物管理中心应当定期检查保管的涉案财物，防止涉案财物被损毁、调换。涉案财物管理中心的监督部门可以通过涉案财物管理信息平台监控、检查保管的涉案财物。对发现的问题或者存在的隐患应当及时纠正。

【说明：参考公安部《公安机关涉案财物管理若干规定》第24条，并增加通过涉案财物信息管理平台监督。】

第二十一条【涉案财物的调用】因讯问、询问、鉴定、辨认、检验、检查等办案需要，经办案部门负责人批准，办案人员可以向涉案财物管理中心调用涉案财物。调用结束后，应当在二十四小时内将涉案财物归还涉案财物管理中心。

涉案财物管理人员应当详细登记调用人、审批人、时间、事由、期限、调用的涉案财物状况等事项。

非因办案需要，不得调用涉案财物。

【说明：参考公安部《公安机关涉案财物管理若干规定》第15条，但删除“因宣传教育等工作”，增加“非因办案需要，不得调用”。】

第二十二条【涉案财物的出库】因调用、处置涉案财物需要办理出库的，凭相关法律文书向涉案财物管理中心办理出库手续。涉案财物管理中心应当会同调用、处置机关当场检查调用、发还、销毁等清单与出库物品是否一一对应、出库物品包装是否完好，并出具出库清单。清单应当一式两份，一份由涉案财物管理中心留存，一份交调用、处置机关。

第二十三条【涉案财物的归还】调用人应当妥善保管和使用涉案财物。调用人归还涉案财物时，涉案财物管理中心应当进行检查、核对。有毁损、短少、调换、灭失等情况的，涉案财物管理人员应当如实记录，并报告调用人所属部门负责人和涉案财物管理中心负责人。因鉴定取样等事由导致涉案财物出现合理损耗的，不需要报告，但调用人应当向涉案财物管理中心提供相应证明材料和书面说明。

调用人未按照登记的调用时间归还涉案财物的，涉案财物管理人员应当报告调用人所属部门负责人，有关负责人应当责令调用人立即归还涉案财物。确需继续调用涉案财物的，调用人应当按照原批准程序办理延期手续，并交涉案财物管理中心留存。

【说明：参考公安部《公安机关涉案财物管理若干规定》第16条。】

第二十四条【调用涉案财物全程录音录像】因鉴定、检验等调用涉案财物的，进出涉案财物管理中心时应当全程录音录像。

【亮点：送检移出和检验完毕后重新移送进入涉案财物管理中心的，都应当全程录音录像，以保证涉案财物的同一性。但鉴于本细则为保管规定，只能要求对进出中心的过程录音录像。其他环节由相应规定规范。】

第二十五条【查看涉案财物】办案机关，辩护律师、诉讼代理人、民事诉讼及行政诉讼案件的当事人经办案机关批准，可以到涉案财物管理中心的涉案财物查看室查看涉案财物，也可以通过远程视频查看。

查看时，一旦有损害、污染涉案财物行为的，管理人员应当立即制止，停止继续查看，并将具体情况通报办案机关。查看过程应当同步录音录像。

【说明：民事诉讼当事人和诉讼代理人有阅卷权和收集证据的权利，参考《民事诉讼法》第49条和第61条；行政诉讼代理诉讼的律师有阅卷权和收集证据的权利，参考《行政诉讼法》第32条；刑事诉讼辩护律师和诉讼代理人有阅卷权，参考《刑事诉讼法》第40条和《最高人民法院关于适用〈中华人民共和国刑事诉讼法〉的解释》第57条。】

【亮点：办案机关、辩护人或诉讼代理人可以到涉案财物管理中心的涉案财物查看室查看物证，也可以远程视频查看，查看时应当同步录音录像。】

第二十六条【协助辨认】为查明案件事实，需要对涉案财物进行辨认的，办案机关应当提前预约，涉案财物管理中心予以协助。

涉案财物管理中心应当设置辨认室。

涉案财物管理中心工作人员不能作为辨认时的见证人。

【亮点：涉案财物管理中心为方便协助辨认，可以设置涉案财物辨认室，条件不允许也可以在涉案财物查看室组织辨认。】

第二十七条【协助鉴定】涉案财物需要鉴定时，办案机关应当提前预约，涉案财物管理中心予以协助。

贵金属、文物等贵重物品，易损坏的物品和不易搬运携带的大宗物品等，需要在涉案财物管理中心进行鉴定的，鉴定专家可以在涉案财物管理中心专门场所现场鉴定。鉴定过程应当同步录音录像。

【亮点：涉案财物管理中心可以协助鉴定，既可以出库鉴定，也可以在中心内鉴定。】

第二十八条【协助远程示证】涉案财物作为证据使用的，在人民检察院审查批捕、审查起诉，人民法院审判时可以通过远程视频审查证据、举证质证。

【亮点：涉案财物管理中心创设远程视频审核制度是为了实现公正和效率的诉讼价值。】

第二十九条【改变管辖后涉案财物的移送】办案过程中因改变管辖等原因需要将案件移送处理的，应当将涉案财物一并移送，并在移送时清点随案移交的财物，办理交接手续，并在系统中登记录入。

【亮点：案件改变管辖后，涉案财物随案移送。】

第三十条【涉案财物的拆封】移交密封的涉案财物，一般不进行拆封。移送部门或者接收部门认为有必要拆封的，由移送人员和接收人员共同启封、检查、重新密封。拆封、检查及重新密封情况应当详细记录备案，相关人员签字确认，并全过程进行录像。

必要时，应当在见证人、持有人等在场情况下启封，检查、重新密封，并由在场人员签名或者盖章。

【说明：参考最高人民检察院《人民检察院刑事诉讼涉案财物管理规定》第15条。】

第三十一条【隔离保管】涉案财物管理中心实行前台和仓库隔离制

度，保管区域仅限涉案财物管理中心负有保管职责的人员进入，办案人员、当事人及利害关系人等未经许可不得进入。

【说明：参考公安部《公安机关涉案财物管理若干规定》第11条第5款，并对涉案财物管理中心的隔离作出规定。】

第三十二条【涉案财物管理中心工作人员出庭作证】公诉人、当事人、辩护人或诉讼代理人对涉案财物管理有异议，法院通知涉案财物管理中心工作人员出庭作证的，应当出庭作证。

【亮点：涉案财物管理中心在涉案财物管理过程中，整个保管链条应当处于闭合的状态，一旦保管、运输、出库等环节存在问题，且可能影响法庭对案件事实的认定，法官可以通知涉案财物管理中心工作人员出庭说明情况。】

第三十三条【保管时效】未结案件中可能作为证据使用的涉案财物应当长期保管。

已经作出生效裁判的案件，单一犯罪被判处五年以下有期徒刑的，裁判生效后证据至少再保存两年；单一犯罪被判处五年以上有期徒刑至十年以下有期徒刑的，裁判生效后证据至少再保存五年；单一犯罪被判处十年有期徒刑以上刑罚的，裁判生效后证据至少再保存十五年。

行政案件结案后证据至少再保管五年。

民事案件及其他案件结案后证据至少保管两年。

证据经过保管期以后，需要经过严格的审批程序决定销毁或者继续保管。

【亮点：保存时效制度。具体理由论证参见李玉华等：《非自愿口供替代系统化研究》[1]；证据的保管期限届满并不当然销毁，需要经过严格审批程序，这为再审案件的证据保管留下了余地。】

---

① 李玉华等：《非自愿口供替代系统化研究》，中国人民公安大学出版社2015年版，第91–95页。

第四章　涉案财物的处置

第三十四条【涉案财物的处置原则】违法犯罪所得的一切财物，应当予以追缴或者责令退赔；被害人的合法财产，应当及时返还；违禁品和供犯罪所用的本人财物，应当予以没收。没收的财物和罚金，一律上缴国库，不得挪用和自行处理。

涉案财物管理中心根据办案或执行机关的通知，协助处置涉案财物。

第三十五条【判决前返（发）还】违法犯罪事实查证属实后，对有证据证明权属明确且无争议的被害人、被侵害人合法财产及其孳息，返（发）还不损害其他被害人、被侵害人或者利害关系人的利益，不影响案件正常办理的，办案机关应当在登记、拍照或者录像和评估后，经所在机关负责人批准，开具返（发）还清单并返（发）还被害人、被侵害人。办案人员应当在案卷材料中注明返（发）还的理由，并将原物照片、返（发）还清单和被害人、被侵害人的领取手续存卷备查。

领取人应当是涉案财物的合法权利人或者其委托的人，办案机关工作人员不得代为领取。

【说明：参考公安部《公安机关涉案财物管理若干规定》第19条，并将刑事诉讼“返还”与行政案件“发还”一并规定。】

第三十六条【先期处置】对于易损毁、灭失、腐烂、变质而不宜长期保存的食品、药品及其原材料等，长期不使用容易导致机械性能下降、价值贬损的车辆、船舶等，市场价格波动大的债券、股票、基金份额等财物和有效期即将届满的汇票、本票、支票，数量巨大、保管不便的办公设备、假冒商品、盗伐木材以及动、植物活体等，可以先期处置。

经当事人或利害关系人申请，或办案机关、涉案财物管理中心建议，当事人同意，由办案机关向人民法院提交先期处置申请，法院作出裁定。

办案机关向人民法院提交先期处置申请书应当包含以下内容：

（一）当事人、利害关系人基本情况；

（二）案由、涉嫌违法犯罪事实和主要证据材料；

（三）申请先期处置的涉案财物的种类、数量、所在地；

（四）权利人申请或同意对涉案财物先行处置的材料；

（五）先行处置的理由和法律依据；

（六）先期处置的方式（如拍卖、返还、没收、销毁等）。

【说明：参考公安部《公安机关涉案财物管理若干规定》第21条，并将“公安机关”扩展至“办案机关”、“善意第三人等案外人”明确为“涉案财物的利害关系人”。关于先期处置的范围、程序和申请书的内容参见李玉华《从涉众型经济犯罪案件看涉案财物的先期处置》①一文。】

第三十七条【案件分流涉案财物的处理】对依法撤销、决定不起诉或作出无罪判决的刑事案件，涉案财物由涉案财物管理中心实际保管的，原采取措施的办案机关应当根据生效法律文书，解除对涉案财物采取的相关措施并返还当事人。但下列情形予以不同处理：

（一）经证实属于管制工具、毒品等违禁品的，予以收缴；

（二）经证实属于非法所得，予以没收或返还原所有人；

（三）经证实属于假冒伪劣商品的，联合工商、质量监督、财政等部门予以依法处理；

（四）涉案财物涉及侵犯知识产权的，且涉嫌侵犯知识产权人与被侵犯知识产权人对是否侵犯知识产权有争议的，公安机关在作出撤销案件决定前告知当事人可以向人民法院起诉；

---

① 参见李玉华：《从涉众型经济犯罪案件看涉案财物的先期处置》，载《当代法学》2019年第2期。

（五）对有权属争议的涉案财物，公安机关在作出撤销案件决定前告知当事人可以向人民法院提起权属确认诉讼。

人民法院作出有罪判决，涉案财物由涉案财物管理中心实际保管的，人民法院应当根据生效法律文书，对涉案财物作出处理。人民法院的裁判没有明确涉案财物如何处理的，原采取措施的办案机关应当征求人民法院意见后进行处理。

行政案件因违法事实不能成立而作出不予行政处罚决定的，除法律、行政法规另有规定外，公安机关应当解除对涉案财物采取的相关措施并发还当事人。

【说明：参考公安部《公安机关涉案财物管理若干规定》第20条，在此基础上进一步分别规定办理刑事、行政案件的不同情况。】

第三十八条【法院判决后的返（发）还】法院作出裁判后，对受害人或者善意第三人的合法财物，应当及时返（发）还。领取人应当是涉案财物的所有人、合法权利人或者其委托的人。委托领取的，应当提供所有人或者合法权利人的委托书。

【说明：参考公安部《公安机关涉案财物管理若干规定》第20条。】

第三十九条【法院判决后的没收处置】经法院依法作出没收裁判后的各类财物，涉案财物管理中心按以下方式处理：

货币类涉案财物直接上缴国库。实物类无法直接上缴国库的，经变卖、拍卖后上缴国库。

违禁品，没有保管价值的物品，或者价值轻微、无法变卖拍卖的物品依法予以销毁；赌博游戏机、麻将机等大型赌博工具，由公安机关定期集中进行销毁。

伪造、变造的人民币需移送银行，并将银行开具的《假币收缴凭证》附卷；易燃、易爆、剧毒、放射等危险品需通知安全监督管理部门处理；

天然气、液化石油气通知燃气管理部门处理[①]。其他法律法规有规定的，按照相关规定通知、移送专管部门处理。

可以继续使用的物品转为公用。

没有使用价值、不需要销毁的物品可以直接丢弃。

【亮点：可以继续使用的涉案财物转为公用。参考国外的司法实践，没收的枪支、弹药可以用于警察训练和教学；没收的毒品可以用于公安机关内部科学实验；办公用品、桌、椅等可以由学校、单位等继续使用。没有使用价值、不需要销毁的物品可以直接丢弃。】

第四十条【已办结行政案件的涉案财物的处置】已办结行政案件，对于以下个别价值极低，或是没有保管价值的涉案财物在通过照相和笔录形式固定证据后，可由办案人员提取后销毁，并制作涉案财物处理工作记录，由所队领导在工作记录上审批、两名办案人员签字并加盖办案单位公章后附卷，并将上述处理过程及结果录入涉案财物系统进行登记：

（一）吸食注射毒品案件中用于吸食注射毒品的锡皮纸、打火机、吸管、自制的麻古壶、注射器等工具；赌博案件中除赌博游戏机、麻将机以外的其他赌博工具；

（二）卖淫嫖娼案中使用的避孕套、纸巾；

（三）行政案件中违法人员使用的标语、横幅、花圈、孝布、挽联等物品。

【说明：《公安机关执法细则》第五十八章第1条中有关于涉案财物收缴的规定：对在办理行政案件中查获的下列物品应当依法收缴：（1）毒

---

① 《城镇燃气管理条例》第2条第3款规定："本条例所称燃气，是指作为燃料使用并符合一定要求的气体燃料，包括天然气（含煤层气）、液化石油气和人工煤气等。"第5条第1款、第2款规定："国务院建设主管部门负责全国的燃气管理工作。县级以上地方人民政府燃气管理部门负责本行政区域内的燃气管理工作。"

品、淫秽物品等违禁品。(2)赌具和赌资。(3)吸食、注射毒品的用具。(4)伪造、变造的公文、证件、证明文件、票证、印章等。(5)倒卖的车船票、文艺演出票、体育比赛入场券等有价票证。(6)主要用于实施违法行为的本人所有的工具以及直接用于实施毒品违法行为的资金;违法行为人用于实施违法行为的工具,除非有证据表明属于他人合法所有,可以直接认定为违法行为人本人所有。(7)法律、法规规定可以收缴的其他非法财物。】

第四十一条【侵权产品的处置】办案机关查获的数量较大的伪劣商品,经鉴定确定为侵权产品后,应出具鉴定意见并及时告知当事人,无法告知的,要及时通知当事人所在单位或近亲属。办案人员需将通知情况记录在案。

经鉴定确认的侵权产品,当事人对鉴定意见无异议并且书面确认的,办案机关可以邀请工商管理部门工作人员和见证人员在场,对假冒伪劣商品进行抽样保存,其余的销毁。

【亮点:对确认侵权产品鉴定无异议后的保存与销毁。】

第四十二条【有主无人领取财物的处理】应当返还当事人或利害关系人的涉案财物和孳息,无人认领的,办案机关应当公告通知;公告期满六个月仍无人认领的,经办案机关申请,法院作出裁定,通过拍卖或者变卖进行处置,所得价款上缴国库。

对应当发还而所有人不领取的涉案财物,经通知或者公告后,超过六个月无人领取的,上缴国库。办案单位通知财物所有人的,应当书面记录有关通知的情况,并附有相关通知凭证备查。

【亮点:有主无人认领财物的上缴程序。】

第四十三条【无主财物的处理】无主财物,经公告超过六个月无人领取的,上缴国库。

【亮点：无主财物公告期满后上缴国库。】

第四十四条【所有人不明财物的处理】所有人不明的财物，经公告超过六个月无人领取的，上缴国库。如有特殊情况，可以依法酌情延期处理。

对违法犯罪嫌疑人交代系以违法犯罪手段获取的财物，但无法认定为赃物的，依照前款的规定处理。

【亮点：所有人不明财物公告期满后上缴国库。】

第四十五条【涉案财物处置的决定和实施主体】涉案财物管理中心保管的涉案财物需要变卖、出售、拍卖、销毁的，办案机关提请人民法院作出裁判，涉案财物管理中心协助实施。办理公告、变卖、出售、拍卖、销毁等措施的手续文书应当存档备查。

涉案财物管理中心和办案单位涉案财物保管室的涉案财物应当至少每个月清查一次，以便及时发现是否需要变卖、出售、拍卖、销毁。

【亮点：明确变卖、出售、拍卖、销毁的决定和实施主体。】

第四十六条【犯罪嫌疑人、被告人死亡、逃匿涉案财物的处理】犯罪嫌疑人死亡的，依法应当追缴其违法所得及其他涉案财物的，依法履行审批程序后，办案机关出具没收违法所得意见书，连同相关证据材料一并移送人民检察院。

犯罪嫌疑人逃匿并符合刑事诉讼法第二百九十八条规定的，按照前款规定处理。

【亮点：刑事诉讼法中特别程序之一“犯罪嫌疑人、被告人逃匿、死亡案件违法所得的没收程序”在侦查阶段的具体实施。】

第四十七条【上缴国库的程序】上缴涉案款项的，应当将生效判决及款项清单送达市（县/区）级财政部门，将款项存入财政部门指定的账户。

上缴涉案实物的，应当将生效判决及物品清单送达市级财政部门，会同财政部门指定的单位依照财物清单逐项核对无误后，办理接收财物交接手续。

第四十八条【退库】涉案财物上缴财政部门后，有人认领且经查证属实的，原执行部门将当事人申请和核实的情况送达财政部门，财政部门办理退库返还手续。

涉案财物上缴财政部门后，案外人对执行标的提出权利主张成立的，原执行部门将当事人申请和权利主张成立的生效裁判文书送达财政部门，财政部门办理退库返还手续。

财政部门退库返还的，应当返还原物；原物已经处置形成收益的，应当返还价款。

第五章　涉案财物的保值增值

第四十九条【保值增值的主体和方式】涉案财物管理中心负责涉案财物的保值增值。

涉案财物保值增值的方式包括：

（一）日常维护；

（二）出租、溢价出售等经营行为；

（三）托管；

（四）先期处置。

【亮点：涉案财物一般由涉案财物管理中心管理，管理人员最了解财物的特点、属性、变化等状况。因此，涉案财物管理中心最适合作为涉案财物保值增值的主体。本条还列举出涉案财物保值增值的方式。】

第五十条【保值增值的程序】当事人、利害关系人、办案机关、涉案财物管理中心可以就涉案财物保值增值，向人民法院提出申请，人民法院依法作出裁定，涉案财物管理中心负责执行。

【亮点：确定了涉案财物保值增值的程序为申请——法院裁定——涉案财物管理中心执行。】

第六章　监督和法律责任

第五十一条【纪委监委监督】纪委监委向涉案财物管理中心派驻纪检监察组，监督涉案财物管理工作，对违法管理行为进行调查，认定相关人员的责任并作出纪律、行政处分。涉及办案人员责任的，应向办案人员所在机关提出处理建议。

【亮点：引入纪委监委对涉案财物管理工作进行监督。】

第五十二条【检察监督】人民检察院通过向涉案财物管理中心派驻检察官或增设专门的涉案财物检察部门，对涉案财物管理进行监督。发现违法线索或当事人提出申诉、控告的，启动违法调查程序，根据调查结果向涉案财物管理中心提出检察建议。

【亮点：引入检察部门对涉案财物管理工作进行监督。】

第五十三条【审计监督】同级审计部门负责对涉案财物管理工作进行年度审计，根据审计结果向涉案财物管理中心提出工作建议。对于企业资产、金融资产、特种物品等的委托管理、专业处置活动，审计部门可以委托专业机构和人员进行专业性审计。

【亮点：引入审计部门对涉案财物管理活动进行监督。参考2015年12月8日两办印发的《关于完善审计制度若干重大问题的框架意见》及《关于实行审计全覆盖的实施意见》中提出的“对公共资金、国有资产、国有资源和领导干部履行经济责任情况实行审计全覆盖”。】

第五十四条【第三方评估】涉案财物管理中心应当委托社会专业评估机构每年对涉案财物管理进行评估。

【亮点：引入社会专业评估机构对涉案财物管理进行评估。】

第五十五条【一般责任】涉案财物管理人员不严格履行保管职责，有下列行为之一的，应当根据行为的情节和后果，依照有关规定追究责任：

（一）未按照规定严格履行涉案财物登记、移交、调用等手续的；

（二）因故意或者过失，致使涉案财物损毁、灭失的；

（三）发现办案人员不按照规定移交、使用涉案财物而不及时报告的；

（四）其他不严格履行涉案财物管理职责的行为。

调用人有前款第一项、第二项行为的，依照前款规定处理。

【说明：参考公安部《公安机关涉案财物管理若干规定》第27条。】

第五十六条【重大责任】对于贪污、挪用、私分、调换、截留、坐支、损毁涉案财物，以及在涉案财物拍卖、变卖过程中弄虚作假、非法牟利的有关责任人员，应当依照有关规定追究责任；涉嫌犯罪的，移交司法机关依法处理。

【说明：参考公安部《公安机关涉案财物管理若干规定》第28条，并使用“非法牟利”替换“中饱私囊”的表述。】

第五十七条【赔偿责任】办案机关、涉案财物管理中心及其工作人员违反涉案财物管理规定，给当事人造成损失的，办案机关或涉案财物管理中心应当依法予以赔偿，并责令有故意或者重大过失的有关责任人员承担部分或者全部赔偿费用。

【说明：参考公安部《公安机关涉案财物管理若干规定》第29条，同时扩展至“办案机关、涉案财物管理中心及其工作人员”。】

第五十八条【追责程序】在对涉案财物采取措施、管理和处置过程中，办案机关或涉案财物管理中心及其工作人员存在违法违规行为，损害当事人合法财产权益的，当事人和辩护人、诉讼代理人、利害关系人有权向办案机关、涉案财物管理中心、检察机关或纪检监察部门提出投诉、控告、举报、复议或者国家赔偿。办案机关、涉案财物管理中心、检察机关或纪检监察部门应当依法及时受理，并依照有关规定进行处理；对于情况属实的，应当予以纠正。

【说明：参考公安部《公安机关涉案财物管理若干规定》第30条第1款，同时扩展至“办案机关、涉案财物管理中心及其工作人员”。】

第七章　附则

第五十九条【解释】本细则由某市（县/区）涉案财物管理中心负责解释。

第六十条【施行】本细则自印发之日起施行。

图书在版编目(CIP)数据

统一涉案财物管理中心建立的论证与设计 / 李玉华主编. —北京：中国法制出版社，2021.11
ISBN 978-7-5216-2252-2

Ⅰ. ①统… Ⅱ. ①李… Ⅲ. ①刑事诉讼—财产—处理—研究—中国 Ⅳ. ①D925.204

中国版本图书馆CIP数据核字（2021）第218601号

策划编辑：李小草
责任编辑：吕静云　　封面设计：杨泽江

统一涉案财物管理中心建立的论证与设计

TONGYI SHE'AN CAIWU GUANLI ZHONGXIN JIANLI DE LUNZHENG YU SHEJI

主编 / 李玉华

经销 / 新华书店

印刷 / 北京虎彩文化传播有限公司

开本 / 710毫米×1000毫米　16开　　印张 / 14.25　字数 / 182千

版次 / 2021年11月第1版　　2021年11月第1次印刷

中国法制出版社出版

书号ISBN 978-7-5216-2252-2　　定价：56.00元

北京市西城区西便门西里甲16号西便门办公区

邮政编码：100053　　传真：010-63141852

网址：http://www.zgfzs.com　　**编辑部电话：010-63141781**

市场营销部电话：010-63141612　　**印务部电话：010-63141606**